눈물의 느낌표

지은이	김 완 수
초판발행	2025년 9월 12일
펴낸이	배용하
등록	제2021-000004호
펴낸곳	도서출판 비공
	https://bigong.org	페이스북:평화책마을비공
등록한곳	충남 논산시 매죽헌로 1176번길 8-54
편집부	전화 041-742-1424 전송 0303-0959-1424
분류	문학	시	평화
ISBN	979-11-93272-41-1 03810

이 책은 저작권법에 의해 보호를 받는 출판물입니다.
기록된 형태의 허락 없이는 무단 전재와 복제를 금합니다.

값 12,000원

  본 도서는 인천광역시와 (재)인천문화재단의 후원을 받아
'2025 예술창작생애지원' 사업에 선정되어 발간되었습니다.

눈물의 느낌표

Exclamation Mark of Tears

김완수

차례

서문 / 15

제1부 • 가난과 전쟁과 시대
침묵하는 신들 / 18
불씨들이 되게 하소서 / 20
시인들이여, 함께 일어서자 / 22
북한을 위해 울어라 2 / 24
남한을 위해 울어라 2 / 26
고요 속의 숨소리 / 28
아프가니스탄의 지진 / 30
부서진 약속을 넘어 / 32
지도자들을 위한 기도 / 34
기다림의 강물 / 36
누구를 위해 종은 울리나 / 37

제2부 • 환경오염
달의 슬픔 / 40
바다의 눈물 / 41
바다의 괴물들 / 42
바람 속의 침입자 / 44
뒤집힌 계절 / 46
안개의 미로에서 / 48
거짓의 가면들 / 50
후쿠시마 오염수 / 52
디지털 바다 / 53
봄바람에 바치는 노래 / 54

눈물의 느낌표

제3부 • 가치관의 혼돈
어둠 속에서 피어나는 빛 / 56
보이지 않는 감옥 / 57
삶의 주인 / 58
빛 잃은 눈동자 / 60
교실에 스며든 그림자 / 62
영혼의 나무 / 64
크리스마스 전야 2 / 66
고인의 명복을 빕니다 / 68
강아지와 걸인 / 70
어느 엄마와 딸의 대화 / 71
나눔으로 피는 꽃 / 72
권력의 비극 / 74

제4부 • 신과 인간
영원한 등대 / 76
이티 할아버지 / 77
한국의 퀴어 축제 / 78
선악과 / 80
바벨탑 / 82
어둠 속의 별들 / 84
상처 위에 내리는 빛 / 86
길의 선택 / 88
어둠 속에서 들려온 노래 / 90

불씨를 지키는 사랑 / 92
씨앗 / 94
지구를 위한 외침 / 96
잠의 천사 / 98
방귀의 의미 / 100
몸속 물주머니 / 102
침샘 / 104
동양의 슈바이처 / 106

평설 評說

눈물의 느낌표: 분열의 치유_더스틴 피커링 / 108
예언자적 지성, 그 준엄한 질타_김봉군 / 117

Exclamation Mark of Tears

Preface / 139

Part 1 • Poverty, War and the Times

For Whom Does the Bell Ring? / 142
The Silent God / 143
Let Us Become Ember / 144
Poets, Let Us Rise Together 145
Cry for North Korea 2 / 146
Cry for South Korea 2 / 147
Breath Beneath the Silence / 148
Earthquake in Afghanistan / 149
Beyond Broken Promise / 150
The River of Waiting / 151
A Prayer for Leaders / 152

Part 2 • Environment Pollution

Sadness of the Moon / 154
Tears of the Sea / 155
Sea Monster / 156
Fukushima's Contaminated Water / 157
Intruder in the wind / 158
A Song Dedicated to the Spring Wind / 159
Inverted Season / 160
In the Maze of Fog / 161
The Digital Sea / 162
Masks of Lies / 163

Part 3 • Confusion of Values

- Light Blooming in the Darknes / 166
- Master of Life / 167
- Lightless Eye / 168
- The Shadow That Crept into the Classroom / 169
- Trees of the Soul / 170
- Christmas Eve 2 / 171
- Rest in Peace / 172
- A Puppy and A Beggar / 173
- A Dialogue Between a Mother and Daughter / 174
- The Tragedy of Power / 175
- Invisible Prison / 176
- Flowers Blooming Through Sharing / 177

Part 4 • God and Humans

- The Queer Festival in Korea / 180
- The Fruit of the Knowledge of Good and Evil / 181
- The Tower of Babel / 182
- Stars in the Darknes / 183
- Light Falling on Wound / 184
- The Choice of Path / 185
- A Song Heard in the Darknes / 186
- The Eternal Lighthouse / 187
- Albert Schweitzer of the East / 188
- The ET-like Grandpa / 189

Love That Keeps the Ember Alive / 190
A Seed / 191
A Cry for the Earth / 192
The Angel of Sleep / 193
The Meaning of a Fart / 194
The Water Pouch Inside My Body / 195
Salivary Gland / 196

A Commentary on the Book

Exclamation Mark of Tear : Healing of Our Divisions • Dustin Pickering / 197

서문

　요즘은 TV 뉴스를 보는 것이 두렵다. 전쟁으로 폐허가 된 나라들의 끔찍한 파괴, 기후 변화로 인한 폭설과 폭염, 참혹한 홍수, 그리고 흉악한 범죄 사건들이 연일 뉴스에 등장한다. 많은 사람들은 이러한 소식을 접하며 불안과 두려움을 느끼면서도, 방관자처럼 무관심한 태도로 자신의 삶에만 몰두한 채 살아간다. 일부 지도자들은 이러한 시급한 문제 해결에 진심으로 헌신하기보다는, 자신의 명예와 이익에 더 많은 관심을 기울이는 경향이 있다.

　나는 이 시집을, 상징적인 의미를 풍부하게 담고 있는 '눈물'이라는 이미지를 통해 이러한 문제들을 되돌아보고, 세계의 수많은 이들이 함께 반성하며 행동할 수 있도록 촉구하고자 집필하게 되었다. 이 목적을 효과적으로 실현하기 위해, 이 시집을 영어, 프랑스어, 스페인어 등 다양한 언어로 번역하여 여러 나라에 출간할 계획이다.

　평화롭고 아름답고 행복한 지구를 위해, 전 세계 모든 이들이 기도와 협력으로 하나 되기를 간절히 바란다.

2025. 6. 1.　김완수

제1부 • 가난과 전쟁과 시대

침묵하는 신들

안식일 새벽, 수천 발의 포탄이
고요한 밤하늘을 찢으며
이스라엘 땅에 천둥 치는 붉은 비를 뿌리자,
이스라엘의 노인, 성경을 펼쳐놓고 눈물을 흘린다

분노에 휩싸인 땅에
폭풍우를 실은 구름이 몰려온다
철새 떼처럼 급습하는 폭격기들
미사일들은 유성들처럼 팔레스타인을 향해 곤두박질치고
이스라엘의 끓는 피가 시뻘건 불꽃 되어
고대의 땅을 삼키자
팔레스타인 소녀, 부서진 집 앞에서 넋을 잃고 선다

불길은 사막을 삼키고 건물들은 무너진다
천사의 나팔 소리 대신 울음소리 가득하다
연약한 생명들이 꽃잎처럼 스러진다
신들의 이름, 검은 재 되어 흩어지고
하늘은 핏빛으로 물들고 지상은 지옥으로 변한다

팔레스타인은 알라를, 이스라엘은 여호와를 부르짖지만
그들의 텅 빈 입술에서 메마른 기도만 흐른다
성경과 코란은 피로 얼룩지고

사랑이 자랐던 자리, 증오가 독초처럼 돋아난다

인간들의 칼춤 앞에
하늘 높은 곳에서 두 신은 묵묵히 눈을 감는다
그들은 인간들의 고통에 귀 기울이지 않는가?
혹은 인간 스스로 신들의 품을 떠났는가?

불씨들이 되게 하소서

이스라엘과 하마스의 혈전에서
인질들이 숨겨진 올가미에 걸려
날개 꺾인 새처럼
총성과 폭발음 속에서
암흑의 기운에 싸여 심장이 조인다

인질들의 신음은 대지를 뒤덮고
하늘도 말 없는 울음에 젖어 흐느낀다
숨 막히는 폭음의 어둠 속에서
떨리는 영혼들의 꺾인 풀잎들은
언제까지 짓밟혀야 하는가?

짙은 그림자 속에서 울부짖는 소리는
온 세상에 번져가며 우리의 귓가를 스치는데,
어떤 반짝이는 빛과 끓어오르는 심장으로
끝이 보이지 않는 어둠의 사슬을 끊을 것인가?

얼마나 더 숫자들로 뒤엉킨 진흙탕에 빠져
차가운 눈빛으로 하늘만 바라볼 것인가?
고요한 밤, 귀를 찢는 외침이
피멍 든 하늘을 가르며 퍼진다

이 땅 위에 피어나는 어떤 꽃이라도

우리 모두 지켜야만 하는
생명의 숨결임을 가슴에 새기며
어둠 속에서 함께 타오르는
불씨들이 되게 하소서

시인들이여, 함께 일어서자

시인들이여,
이제는 평화의 언어로 깃발을 세우자
우리가 총성을 멈추게 하진 못하더라도
따뜻한 숨결, 부드러운 바람을
이 땅에 불어넣을 수 있으니

시인들이여,
사랑의 불을 함께 지피자
전쟁을 금지하는 법령을 만들 순 없어도
얼어붙은 가슴속에
온천처럼 솟아나는 따뜻한 시를 심을 수 있으니

시인들이여,
지혜의 등불을 들자
악의 속삭임을 완전히 잠재울 순 없어도
복수의 불길에 휘말리지 않는
자비로운 빛으로 길을 비추는 시를
흘려보낼 수 있으니

시인들이여,
더는 망설이지 말자
이 순간에도
총탄에 젊은이들이 쓰러지고

난민은 길을 잃은 별처럼 방황하며
고아의 눈물은 폐허 속에 고요히 스며드니
지금, 시가 입을 열어야 할 시간이다

북한을 위해 울어라 2

한 핏줄 뿌리 깊은
북쪽 땅은
70여 년 검은 강물에 잠기고
닫힌 철문 너머로
그리운 손길도 끊어졌구나

북녘에선 등 굽은 사람들이 벽돌을 나르고
빈 그릇 붙든 손은 두만강 얼음 위에
삶을 던지는데
남녘에서는 뱃살의 흔적을 가리려
약국이나 병원 문턱에
돈을 쏟아붓고 있으니
같은 핏줄의 물결 속에서
이리도 먼 파도가 될 수 있을까

지난여름엔 하늘이 쏟아낸 눈물로
집마저 물바다가 되었다니
무너진 집들 사이로
죽음의 그림자가 드리운 그곳에
따뜻한 손길은 없단 말인가
가슴 저미는 통증이 온몸을 휘감는다

남쪽의 백성이여 눈물을 쏟아라

굶주린 형제의
숨죽인 외침이 들리지 않는가
그리움은 아직도 숨 쉬니
함께 손잡고 기도하자
남과 북 모두에
아이들의 웃음꽃이 피어나게

남한을 위해 울어라 2

북쪽 땅이여
칠십여 년 전, 원한의 불길이 타올라
포탄의 비를 퍼부어
피로 남쪽 대지를 적셨지
그 얼룩, 지금도 눈꺼풀 아래 번지고 있지 않은가

쌀가마를 보냈건만
타는 혓바닥처럼 그 불꽃은 사그라지지 않고
남녘의 푸른 들판마저
재로 뒤덮어야 한다는
그들의 심장은 여전히 불타는가

미사일과 핵의 섬광 뒤편에
밤마다 젖는 베개를 숨기며
원수라 부른 그 백성들 앞에서
그대의 가슴은 더 무겁지 않았는가

세월이 흐를수록
굶주림에 지친 이들의 울음은 깊어 가건만
그대의 지도자는
화려한 구호 속에 감춘 허기를
언제까지 눈을 감은 채 지나치려는가

북녘의 지도자여
심장이 아직도 꿈틀거린다면
먼지 묻은 어린 날의 미소를 꺼내고
눈물로 얼룩진 영혼을 내보여다오

고요 속의 숨소리

곰 같은 중국은
대만이 자신의 몸 일부라며
수시로 으름장을 놓지만
토끼 같은 대만은
자신만의 땅을 발로 힘껏 구르며
두 눈을 부릅뜨고
귀 끝까지 곤두선 등털을 내리지 않는다

이를 지켜보는 미국은
중국의 거친 숨결을 막고자
항공모함을 대만 근해에 보내고
중국은 수많은 항공기와 배로
바다의 울타리를 좁히며
파도 같은 위협을 퍼붓는다

중국과 미국은
한 치의 틈도 없이
등을 활처럼 젖히고 선다
대만은 두 눈을 빨갛게 뜨고
중국의 그림자 밑바닥을 들추며
양국이 주고받는 말에
귀를 쫑긋 세우고 있다

밤하늘엔 반짝이는 별들이 가득하고
바다는 밤새도록 고요하지만
그 고요 속에 숨겨진 파도처럼
대만은 폭풍우를 대비하며 밤을 지새운다

아프가니스탄의 지진

한순간에
마을 전체가 공동묘지로 변한
지옥 같은 곳에서
숨 끊어질 듯 매달린 이들은
무너진 벽 틈 어둠 속에서
갈라진 목소리로 울부짖는다

온 세계는
이스라엘과 팔레스타인의 불꽃에만
눈망울을 붙잡힌 채
아프가니스탄의 무너진 흙더미엔
눈도 귀도 닫는다

창백한 얼굴들,
살갗에 바람만 스쳐도 몸이 움찔거린다
불 꺼진 어둠 속, 눈을 뜬 채
밤을 껴안는다
가슴은 웅크리지만
눈물은 더 이상 나오지 않는다

총총히 떠 있는 별들은
잿더미 위를 조용히 훑어본다
숨결 같은 빛으로 깜박이며

부서진 가슴 속 작은 숨이
다시 피어나기를 속삭인다

부서진 약속을 넘어

너를 떠올릴 때마다
가슴 깊은 곳에 검은 갈고리가 박히고
잿빛 파도가 몰려와
거친 숨결로 쓰디쓴 바람을
뿜어내고 싶었다

구겨진 삶의 그림자 속에서도
네 달콤한 속삭임에 취해
비단 같은 물결 위를 떠다니며
눈부신 독초의 꽃밭에 스며들었다

너의 빛나는 손길을
마법의 주문처럼 붙잡고
높다란 담장을
쉽사리 허물고 싶어 했던 내가
어리석은 꿈쟁이였다

이제는 눈을 뜨고
숨겨진 빛을 마주하며
상처를 품은 다정한 눈동자로
나의 길을 찾을 것이다

빛바랜 편지에 더 이상 기대지 않고

마음의 나침반을 따라
눈물 닦아주는 길을 향해 걸을 것이다
불씨 하나 가슴에 살아 숨 쉬리라

지도자들을 위한 기도

오 하늘이시여
민초의 밭을 갈며
진실한 땀을 흘렸던 국가의 지도자들이
이제는 백성의 눈물 위에 깃발을 꽂고
권력의 정상에 앉아 있습니다

아아, 그들의 가슴 속에
희미한 불빛 하나라도 여전히 타오른다면
등줄기에 흐르던
땀 냄새를 되새기며
햇볕 들지 않는 골목 어귀에서
얼어붙은 손들 조심스레 잡게 하소서

헛된 말들이 흩뿌린 무거운 안개 속에
울먹이던 이들의 밤은 지나가고
따스한 햇살이 마당마다 번지는
새벽이 오게 하소서

그들의 심장 속 불씨가 꺼지지 않게 하시고
풀밭에 무릎 꿇듯 고개 숙여
메마른 입술의 말을 들으며
터진 살결 위에 손을 얹고 함께 눈물짓게 하소서

오 하늘이시여
이 땅을 이끄는 자들이 당신의 바람이 되어
메마른 흙 위에 따뜻한 씨앗을 뿌리고
아이들의 콧노래가 골목마다 가득한
푸른 들판을 가꾸게 하소서

기다림의 강물

이제는 아무리 짜증 나고 괴로워도
너를 향한 날 선 돌멩이를 내려놓고
불꽃처럼 타거나 얼음처럼 차가운 눈빛도 감출 게

이제는 쌓인 시간의 먼지 속에서도
너를 외면하거나 등을 돌리지 않고
창가에 있는 엄마처럼 조용히 기다릴 게

앞으로는 네가 흙먼지를 일으켜도
가시 돋친 말 대신, 등을 다독이며
아직 너의 뿌리가 땅속에서 숨을 고른다고 믿을 게

모두의 얼굴에 꽃잎 같은 미소가 피어나도록
뒤섞인 목소리들이 메아리치는 광장에 귀 기울이며
네가 굳은 벽을 두드릴 때마다
뜨거운 땀이 맺히도록 함께 걸을 게

앞으로는 엉킨 외침 속에서
진실의 숨결을 지키는 작은 촛불을 켜고
서로 등을 맞댄 이웃들 사이를
하나로 묶는 노래를 부르며
끊임없이 흐르는 강물처럼 기도할 게

누구를 위해 종은 울리나

일 년 넘게 밤낮없이
러시아와 우크라이나 하늘에
폭탄의 비가 죽음의 씨앗처럼 쏟아진다

무너진 아파트 잔해 속에서
망망한 길을 떠나는 난민들의 휘청대는 발걸음
붕괴된 병원의 피 묻은 메스와 함께
허공에 외침을 흩뿌리는 흰 가운

폐허가 된 학교 교실에서
눈동자의 초점을 잃은 아이들의 작은 어깨들
날마다 커져만 가는 전쟁의 먹구름은
유럽대륙을 넘어서 온 세상을 뒤덮는다

미사일들의 굉음 속에 삶이 부서지는 곳곳마다
하늘 향해 울려 퍼지는 피 흘리는 시민들의 떨리는 숨결
향기로운 꽃잎 대신 숨죽인 듯 축 늘어진 꽃들

도대체 누구를 위해 울리는지 모르지만
전쟁의 종소리는 우리 모두의 가슴을 찢는다

제2부 • 환경오염

달의 슬픔

은빛 물결 같은
옷자락 두르고
조용히 어둠을 가르는 여인

잃어버린 사랑을 찾아
깊은 눈망울로
이 땅을 이리저리 살피는가?

차갑게 번쩍이는 간판과
도시의 휘황한 불빛 위에서

눈물에 젖어 빛을 잃은
그 여인의 얼굴엔
잔잔한 흐느낌이 머물고
바람은 아프도록
그녀의 이름을 부른다

그러나 여인은
푸른 어둠 속에서
애처로운 그리움의 빛으로
또 한 번 이 세상을 감싸안는다

바다의 눈물

바다는 흐느낀다
검은 기름과 썩은 폐수가
날갯짓 멎은 새들과
숨결 잃은 물고기들을 옥죄고
떼 지은 쓰레기 더미는
벌거벗은 바다의 살결을 짓밟는다

바다는 거친 파도에 몸을 실어
숨 막히는 냄새 속에서 터져 나오는
마지막 신음처럼 외친다
"검은 물비늘이 온몸에 퍼지고 있어
파랗던 호흡, 끊어질 듯 가늘어졌어"

인간들은 바다를 바람처럼 지나치지만
바다는 눈물을 멈추지 않고
하얀 포말로 쓴 편지를
해안선에 매일 같이 밀어 보낸다

"내가 숨을 멈추면
너희의 꿈들도
조각난 조개껍데기처럼 흩어질 거야
내 품에서 물고기들이 춤을 춰야
너희의 미래도 숨을 쉬겠지"

바다의 괴물들

화려한 괴물들이
떼를 지어 떠다니며
어선을 뒤집거나
양식장을 점령한다

태풍이 불 때면
거대한 존재들이 산더미처럼 밀려와
바다를 뒤덮는다

어부들이 절망에 찬 한숨과 함께
그 뱃속을 파헤치며
분노의 눈물을 흘린다

형형색색의 괴물들은 대부분
눈부신 껍데기를 두른 제단처럼
물결 따라 춤추는 옷자락들이다

유행의 파도에 몸을 맡긴 여인들은
아마도 모르리라
그들이 입은 옷이 어부들의 삶과
바다의 생명을 짓밟고 있다는 걸

그들이 걸친 옷 속엔

숨결도 들키지 않는 미세플라스틱이 숨어
수세대 동안 머무는
보이지 않는 죽음의 씨앗이 된다

바람 속의 침입자

바람의 폭격기가
수시로 중국의 국경을 넘어
한반도 전역에
세균이나 바이러스 옷을 입은 미세먼지를
최루탄처럼 쏟아붓는다

숨결 뒤에 가려진 침입자는
길 위의 모든 그림자에 스며들어
젊은 숨결과 늙은 맥박을 가리지 않고
은밀히 폐부를 감싸안아
핏줄 깊은 곳까지 스며든다

핏줄을 타고 흐르는 먼지는
몸 안 깊숙이 흘러가며
보이지 않는 병마의 씨앗을 뿌린다

때로는 숨을 가려도
숨겨진 먼지는 더 거세어져
몸속 깊은 생명의 둥지까지 파고들고
작고 연약해 보이지만
그 속삭임은 뼛속을 저미는 독처럼 퍼진다

그놈의 어두운 그림자를 어떻게 치울까?

하늘에 외치지만 공기는 변명만 흩날린다
우리는 숨이 막힌 채
바람 속에 흩어지는 재처럼 희미한 답을 찾는다
언제쯤 맑은 하늘빛이 가슴에 내려앉을까

뒤집힌 계절

늦가을 아침
공원을 거니는데
제철을 잊고 피어난
빨간 장미가 미소를 건넨다

이탈리아 피에몬테 지역에서는
여름에 소나기가 내리다
갑자기 폭설로 바뀐다

날이 갈수록
계절은 고삐 풀린 짐승처럼 날뛰고
예고도 없이
번개를 쏘아 올리며
울부짖는 눈보라를 뿜는다

하지만 인간들은
녹아내리는 빙하의 고통을 외면한 채
불빛 아래 쓰레기를 쌓고
회색 깃발을 높이 흔들며
파도 위에 검은 꽃을 띄운다

하늘에 있는 재난의 시계는
측은한 눈빛으로 지구를 바라보며

모래처럼 흐르는 바늘을 끝을 향해 움직인다
희미한 빛줄기 하나 남아 있을까
바람의 속삭이는 소리에 귀 기울여보라

안개의 미로에서

쏟아지는 정보의 바다에서
진실은 외딴섬처럼 고요히 떠 있다
만개한 꽃 같은 허위 정보와 딥페이크가
비단 무늬 두른 독사처럼 춤추는 세상 속에서
우리는 숨겨진 빛을 찾아 헤매는
나침반 잃은 배처럼 안갯속을 떠돈다

자극적인 영상과 섬네일의 폭풍 속에서
우리는 거울 속 그림자를 쫓고
타인의 눈동자 속에 우리 삶을 조각낸다
알고리즘이 엮어낸 거대한 미로 속에
아무도 숨죽인 양심의 눈을 열지 않는다

전화벨이 울리더니 낯선 화음이 번지고
꿀을 바른 덫이 천천히 다가온다
순간 욕망의 회오리가 치솟지만
서늘한 칼날 같은 의지가 그 끈을 자른다

진실과 환영幻影이 뒤엉킨 어둠 속에서
수많은 사람들이 반짝이는 거품을 쫓다
공기처럼 사라지는 꿈에 몸을 맡긴다

돌아선 길은 메마른 바람이 스치지만

그 끝에서 마주한 바람결의 얼굴은
가슴 깊은 숲속 이끼 낀 돌 틈에서
맑은 숨결처럼 조용히 피어난다
우리는 허깨비 향기 흩날리는 길을 지나
별빛의 숨을 따라 천천히 나아간다

거짓의 가면들

입에서 흘러나오는 말들이
막대사탕처럼 달콤하지만
독을 품은 여우들,
양털을 뒤집어쓴 채 웃는다

푸른 연을 날리던 아이들의 가슴에
빗물처럼 찬 배신이 떨어진다

거울 앞에서 금빛 왕관을 쓴 채
허공을 향해 웃는 고독한 그림자들

분유 냄새 가득한 아기 얼굴의
햇살 같은 미소로
거미줄처럼 얽힌 위선의 안개를 걷어내라

굳은살 박인 손등을 타고 흐르는
뜨거운 눈물로
녹슨 자물쇠처럼 잠긴 마음의 문을 열어라

시멘트벽 대신
나이테를 품은 정의의 나무를 심고
골목 끝 구멍가게 앞에 앉은
실직자와

은빛 머리칼 날리는 노인,
휠체어를 탄 아이와 함께
굵은 땀방울로
들꽃 핀 언덕을 가꾸어라

후쿠시마 오염수

후쿠시마, 깊은 상처를 품은 바다
침묵하는 원전의 심장 속에서
보이지 않는 씨앗이 흘러나와
푸른 별의 젖줄을 타고
아이들의 꿈까지 스며 들어간다

엇갈린 입술들이 내뱉는 말들 속에
깨진 말 조각들은 파도에 흩어지고
뒤엉킨 골목을 헤매듯
텅 빈 눈빛들이 흐린 물살에 흔들린다

어민들의 눈동자는 짠물로 젖고
하늘로 퍼지는 절규는 되돌아오지 않으며
두 갈래 바람에 어긋난 노는 멈춘 채
썩어 가는 그물 아래
바다는 갈 길 잃은 배처럼 흔들린다

고통의 샘 깊은 곳에서
가면 쓴 물살이 흐르고
검은 물결이 바다의 숨을 덮는다
겹겹이 쌓인 어둠이
바람결에 흩어지길 바라며
눈 감은 채 바다는 조용히 숨을 멈춘다

디지털 바다

인터넷 파도에 떠다니는
디지털 파편들

냄새가 지독한 쓰레기들 속에서
바닷물은 날이 갈수록 썩어간다

거짓된 먼지들이 몰아치는 강풍이
수시로 바닷물을 휘저어
푸르던 나무들이 뿌리마저 흔들린다

디지털 바다에
쓰레기 산들이 솟아나며
유혹의 꽃들이
화려한 독버섯처럼 만발한다

매혹적인 꽃향기에 중독된 사람들은
자신도 모르는 사이에
눈빛이 흐려지고
말이 바람처럼 사라진다

봄바람에 바치는 노래

불어라 봄바람아,
메마른 가지들에
싹과 꽃을 피우는
너의 신비한 사랑의 숨결이 그립다

죽음을 실은 검은 그림자 아래서
움츠러든 내 심장의 혈관들에 들어와
어둠 속 깊이 숨은 앙금들을 녹여버리고
희망찬 꿈의 싹과 꽃을 피워다오

불어라 봄바람아,
제발 코비드의 검은 그림자를 붙잡아
하늘 끝 너머로
던져 버려라

마스크 없는 얼굴로
친구들과 손잡고
네 향기 넘치는 꽃길을 걸으며
코비드 전쟁의 기억을
동화처럼 나누며
웃음의 봄날을 활짝 피우고 싶구나

제3부 • 가치관의 혼돈

어둠 속에서 피어나는 빛

스포트라이트 속 목에 건 금빛 고리
절벽 끝에 세운 화려한 깃발
환호는 바람처럼 높이 치솟는다

숨결을 삼킨 채 달려온 긴 거리,
심장은 북처럼 뛰었지만
빈 의자 하나가 마음을 조용히 눌렀다

누군가는 땀과 눈물로 길을 닦고
또 다른 누군가는 자신을 불태우며
세상의 그늘 속에 소망의 별을 묻는다

빛에 스며드는 그림자처럼
찬란한 겉모습 속에 감춰진
빛을 찾아 헤맨다

혹독한 겨울을 이겨낸 꽃처럼
캄캄한 밤하늘에 빛나는 별처럼
우리 안의 한 줄기 불씨를 지피는 것,
그 따스함이야말로
침묵 속에서 피어나는 은은한 불꽃

보이지 않는 감옥

아담과 하와는
금단의 열매를 맛본 후
맑은 시냇물 같던 마음이 흐려지고
눈동자엔 계산기의 불빛이 번쩍였다

열매를 먹은 이유를 묻는 물음에
고개는 숙이지 않고
조개껍데기 같은 말들만
줄줄이 꿰어놓았다

스크린 너머 수많은 창들이
금빛 가면을 쓰고 명령을 내린다

많은 이들이
빛나는 실타래에 걸려
길잡이 별을 놓쳐버린 채
숫자들 사이에서 허우적대고
보이지 않는 벽에 부딪히며
푸른 하늘을 꿈꾸던 날개가 접힌다

삶의 주인

오늘도 시간의 물결을 따라
삶의 배는
수시로 폭풍우 치는 세상의 바다 위를 나아간다

때로는 불꽃처럼 치솟는 갈망을 따라
때로는 햇살 같은 꿈을 좇아
때로는 안개 낀 고요 속에서
흔들리는 노를 힘겹게 젓는다

늘 목마른 항아리처럼
남의 잔에 넘쳐흐르는 물방울이
가슴 속에 질투의 파문을 일으킨다

불쑥 몰아치는 회오리바람에
검은 짐승 같은 그림자가 마음을 물들일 때
내 안 깊은 곳, 별빛 하나 속삭인다

"깊고 고요한 밤하늘처럼
혼란 속에서도 고요를 품어봐
너의 어둠을 비추는 저 빛은
보이지 않는 실처럼 우리를 잇고 있어

그 빛을 따라 잔잔한 파도 위에

희망의 돛을 올려
너만의 길을 열어가렴

별빛은 너의 지친 배를 감싸안고
나침반처럼 너를 안식의 포구로 이끌 거야"

빛 잃은 눈동자

학부모 1: 나 변호사인데 학생 지도 똑바로 하시오
        억울한 일 생기면 고소할 거야

학부모 2: 애들 케어를 어떻게 하는 거야?
        우리 아이를 정신병자 취급하는 거야?
        우리 애가 얼마나 힘든 줄 알아?

교사의 일기: 학부모들의 전화나 문자로
        날마다 목구멍이 조인다
        밤마다 그들의 환청이 심장을 바늘로 찔러댄다
        멈추지 않는 눈물에 베개가 젖고
        어둠 속으로 더 깊이 가라앉는다
        사는 게 힘겨워
        쇠줄에 묶인 하루들을 벗어버리고 싶다

학생: 요즘 선생님이 자주 슬퍼 보인다
        선생님의 눈동자는 빛을 잃은 달처럼 보인다

시민 1: 요즘 일부 학부모들은
        나침반 없는 눈을 가졌다
        선생님들이 한낱 쓰고 버릴 물건으로 보이는 걸까
        자랑스러웠던 나라는
        먼지 쌓인 책갈피 속 문장으로 남았다

시민 2: 정부는 말해야 한다
 아이들의 꿈은 교사의 눈빛 속에서 피어나고
 차가운 시선이 따뜻한 숨결로 바뀔 때
 교실마다 웃음소리가 다시 피어날 거라고

교실에 스며든 그림자

햇살 가득한 교실에 어둠이 스며들고
키보드 위에서 춤추는 악마의 손길이
새하얀 마음을 짓밟는다

남모르는 고통이나 공포로
마음 깊이 멍이 든 아이들은
밤마다 이불 속에서 흐느끼다 악몽에 시달린다

유명 스포츠 스타나 트로트 가수는
청소년 때 한 줄기 어두운 기억에 휘청이고
별처럼 빛나던 인기는
별똥별이 되어 어둠 속으로 사라진다

탑 위에 서 있던 유명 정치인은
어린 시절 숨겨둔 폭행의 불씨 하나로 흔들거리고
높이 쌓인 벽돌들은 재가 되며
찬란한 빛은 한 줌의 연기가 된다

학창 시절의 폭력은
기억의 나무에 깊이 새겨진
피눈물 어린 흉터이다

고운 실 한 올로 꿰맨 상처에

작은 등불 하나 켜질 때
아이들의 눈동자에
다시 봄이 피어난다

영혼의 나무

가정의 정원에 피어나는 붉은 꽃처럼
심장을 조이는 통증과 식은땀이 번질 무렵,
새 생명의 울음이 터질 때
기쁨과 눈물이 함께 피어난다

요즘 많은 이들이 연약한 숨결 품기를 머뭇거린다
텅 빈 지갑과 무거운 한숨 속에서,
직장의 얼음 같은 눈빛,
그리고 밤마다 우는 아기에 짓눌리며
새출발을 등 뒤에 얹힌 그림자처럼 느낀다

하지만 천사의 미소를 띤 손주의 눈동자엔
세상을 밝히는 햇살이 비친다
지치고 힘든 하루 끝에도
그 눈빛 하나로 마음이 녹아내린다

비바람 속에 서 있는 나무는
상처도 고통도 견뎌내야 자란다
땀과 눈물의 거름 없인
꽃과 열매도 기쁨의 색으로 물들일 수 없다

출산은 흙에 심긴
하늘의 선물을 안고

끝없이 파도 위를 노 젓는 여정,
작은 씨앗은 숲이 되고
우리는 그 안에서 영혼의 나무들이 되어
서로를 감싸며 함께 숨 쉰다

크리스마스 전야 2

번쩍이는 트리 아래
빨간 옷 입은 꼭두각시들이
지갑에 시선을 보내며 종을 흔든다

네온사인 빛 아래
붉은 입술을 벌린 숙소들은
방황하는 젊은이들을 삼킨다

찬 바람이 몰아치는 지하철역에
행인들의 분주한 발걸음과 구세군의 종소리는
엎드린 걸인의 텅 빈 손을 피한다

주점에서는
취객들의 술잔 부딪히는 소리 속에
예수의 사진은 빈 잔으로 엎어져 있다

뒷골목 클럽에서는
조명과 음악에 취한 남녀들이
비트에 몸을 맡긴 채
눈빛은 술기운에 잠긴다

차가운 하늘에서 쏟아지는 함박눈은
길모퉁이의 눈물 자국들을

하얗게 덮고 있다

교회에서는 따뜻한 캐럴이
어둠 속 한 줄기 빛으로 울려 퍼진다

고인의 명복을 빕니다

누군가가 죽으면
다수의 사람들은 따뜻한 미소를 건넨다

수많은 속삭임이
별 하나 지는 하늘을 향해
부드러운 바람이 되어 오른다

사람들은 검은 옷깃을 여미며
눈물 고인 눈으로
오래된 나무껍질처럼 슬픔을 감싸안는다

"저 너머 꽃들이 핀 나라로
지금쯤 발걸음을 옮기셨겠죠."

그들의 꿀을 바른 입술에서 흐르는 말들이
과연 저 별 무리 틈 사이
하늘의 창을 두드릴 수 있을까

부드러운 위로는 허공에 녹아
밤하늘을 흔들기엔 너무 가볍고
되돌아오는 건 무거운 침묵뿐

한 줌 흙 위로 시간이 층층이 쌓이는 동안

눈물은 땅속으로 스며들고
언젠가 만날 날을 기다리며
고인의 미소를 가슴에 품는다

강아지와 걸인

강아지와 함께 걷는 젊은 여인이
반짝이는 눈동자의 강아지에게
사랑스러운 미소를 보내며
수시로 먹이를 입에 넣어준다

근처에 있던
헝클어진 머리칼과 낡은 외투의 걸인은
강아지에게 조용히 눈길이 머물다
허기진 배를 감싸안는다

지렁이라도 본 듯
빠른 걸음으로 걸인을 지나치는 사람들은
강아지에게
밝은 미소를 건넨다

즐거운 눈빛의 사람들에게
꼬리를 흔들던 강아지는
움찔거리며 걸인을 바라보다
멍멍 짖는다

강아지에게 따뜻한 눈길을 보내던 걸인은
얼어붙은 시선들이 바람처럼 목덜미를 스치자
뜨거운 무언가를 꾹 삼키며
고개를 땅바닥으로 떨군다

어느 엄마와 딸의 대화

사랑과 기도의 물로
남편과 아이들의 꿈나무를 키우면서
그들의 꽃과 열매를 눈으로 삼키며
가슴에서 달콤함을 맛보는 게
삶의 가장 빛나는 순간들인데
왜 결혼을 안 하니?

비바람 부는 세상에
내 꿈나무 키우기도 버거운데
결혼의 굴레에 갇혀
내 꿈은 저버린 채
남편과 아이들 꿈나무만
눈물로 가꾸는 건 못해요

혼자 걷는 것이 자유롭고 가뿐할 때도 있겠지만
혼자서 오르기에는
외롭고 힘든 산을
같은 별을 바라보고
서로의 손을 잡고 사랑의 힘을 북돋우며
반려자와 오르는 게 더 좋지 않을까?

서두르지 마세요
마음의 샘에서 더 많은 물을 길어볼게요

나눔으로 피는 꽃

다수의 사람들은
생각과 발걸음을
눈앞의 황금빛 열매로 향하게 한다

그러나 축복은
손을 뻗을수록
물안개처럼 흩어진다

하늘은 먼저
빛과 비를 흘려
꽃들에게 고요히 미소를 건넨다

일상의 흐린 틈마다
창가에 쏟아지는 햇살처럼
너에게 스민 따스함을
새벽의 조용한 선물로 건네보라

움켜쥐려 애쓰기보다
비워 낸 손바닥 위에
세상은 향기로운 꽃과
익어가는 열매를 올린다

축복은 새벽안개 되어

스치듯 다가와
잎새에 머문 노래를 퍼뜨리고
메마른 틈새에
푸른 숨을 틔운다

권력의 비극

다수의 정치인들에게
권력은 손짓하는 왕관처럼
눈부신 조명을 받으며 반짝인다

그들은 그것을 움켜쥐려
법의 그물과 도덕의 거울을 깨뜨리고
검은 바람을 몰고 다니다가
쇠창살 안에 갇히기도 한다

그러나 단 한 번
그 달콤한 열매를 베어 문 이들은
보이지 않는 사슬에 묶여
진흙탕 미로를 끝없이 헤맨다

쥐어뜯긴 얼굴로 조롱의 바람을 맞으면서도
입안에 맴도는 그 짜릿한 맛을 지우지 못해
마지막 숨결까지 그 향기를 좇는다

하지만 먹구름이 내려앉은 밤하늘 아래
누군가는 한 줌의 불씨를 심는다
붉게 일렁이는 소용돌이에서 발길을 돌려
벼랑 끝에서도 깃발을 높이 들고
빛의 길을 향해 걸어간다

제4부 • 신과 인간

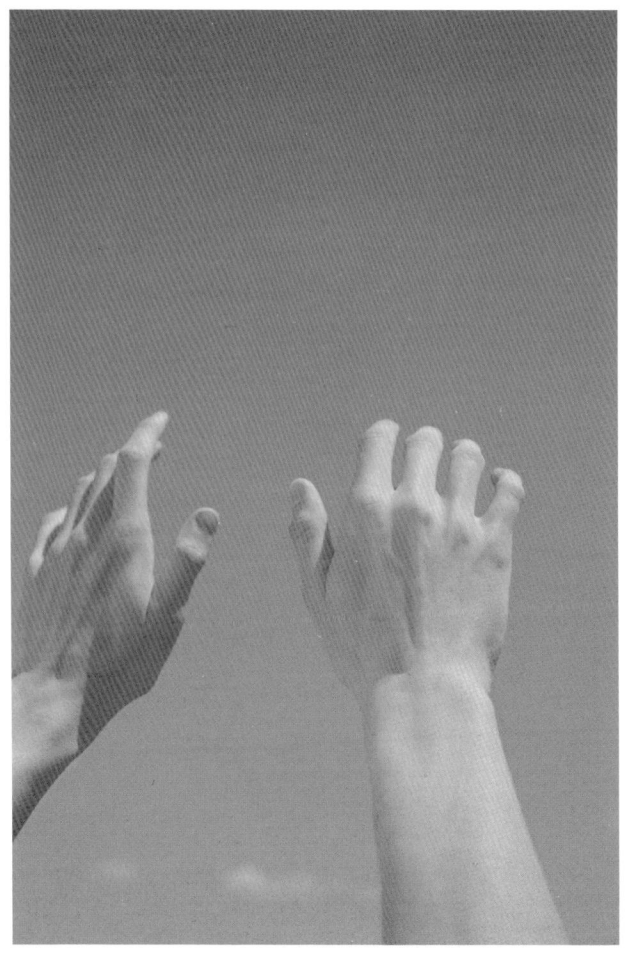

영원한 등대

그는 두 아들을 죽인 원수를 품에 안고
때로는 끓어오르는 눈물을 삼키며
때로는 아이들 웃음이 바람결에 스칠 때
심장을 움켜쥐고 통곡의 밤을 건너며
핏빛 기도를 새 아들의 굳은살에 스며들게 했다

일제의 제단 앞에서 등을 돌리고
쇠창살 뒤 어둠 속에 갇혔건만
바닥에 떨어진 눈물방울 하나
어둠 속 별빛처럼 더욱 환히 빛났다

"나를 치는 매서운 바람이여
너의 칼바람으로 나를 꺾어보라
칼끝에 묻어난 붉은 피에서
숭고한 사랑의 기적을 보리라"

숨결이 사라지는 그 마지막 날까지
굶주린 이의 상처에 입김을 불어 넣고
어둔 새벽까지 불을 꺼뜨리지 않았던 삶은
거센 파도 속에서도 꺼지지 않는 등불 되어
지금도 이 땅의 밤을 비춘다

* 이 시는, 자신의 두 아들을 죽인 가해자를 양자로 삼고 용서했던 손양원 목사의 실화를 바탕으로 한다. 그는 일제 강점기에 신사참배를 거부해 투옥되었고, 한국전쟁 중 환자들과 함께 남아 순교하였다.

이티 할아버지

젊은 날 자동차 사고로
전신에 불이 붙어
서른 번 칼날의 벼랑을
뜨겁게 흐르는 기도의 눈물로 넘고 넘어
외계인의 얼굴로 새롭게 태어났다

얼굴은 일그러지고, 눈썹 자리에는 머리카락을 심고
다른 피부로 눈꺼풀과 입술을 만들고
오른쪽 눈은 의안을 심었다

그는 절망이 끌어당기는 심연을 끝끝내 뿌리치고
가슴 속 불씨 하나, 꺼지지 않게 감싸며
칠흑 속에서도 눈동자에 별을 담았다
차가운 눈총과 가시밭길을 맨발로 지나며
아이들 손을 잡고 교실을 일구고
벽보 붙인 거리에서 목소리를 불살랐다

온몸으로 타오른 불꽃 같은 삶은
조그만 손에 쥔 색연필 끝에도
깊은 밤 혼잣말 속에도
살아볼 수 있다는
불을 붙인다

* 채규철 선생님: 간질환자들을 돕는 장미회, 한센병 환자들을 돕는 소록도 봉사대를 통해 다양한 사회활동을 했다. 게다가 두밀리 자연학교를 설립하여 어린이들을 위한 교육을 했다.

한국의 퀴어 축제

음악의 파도 위로
퍼레이드의 물결이 넘실대는 광장,
눈부신 가면과 화려한 빛깔의 옷자락 속에 숨겨진
오랜 침묵이 춤이 되어 터져 나오고
수많은 시선이 쏟아지는 환한 거리에서
그들은 자유의 몸짓으로 하늘을 그린다

차마 부르지 못한 이름을 목 놓아 부르며 우는 청년,
포옹하는 남자들, 키스하는 여자들은
조용한 경이로움으로 행인들을 붙잡는다

청소년들은 가슴이 살짝 떨리는 채
호기심 어린 눈동자를 반짝이고
중년의 사람들은 불안한 숨결을 삼키며 고개를 돌리고
일부 시민들은 함께 춤을 추거나
우려의 목청을 높인다

환호와 한숨, 웃음과 눈물이 뒤섞인 광장에서
모두는 스쳐 가는 눈빛 속에 마음이 젖는다

무지갯빛 깃발 아래
춤추는 영혼들 위에 빛과 그림자의 눈물이 흐르고
하늘에서 애절한 기도처럼 내리는 빗줄기는

치유의 손길처럼 메마르고 갈라진 땅을 적시며
새싹을 틔운다

선악과

선악과의 달콤한 향기가 가득한 그날
선악과 먹은 이유를
아담은 하와 탓, 하와는 뱀 탓

시험을 망친 그 날
공부 못하는 이유를
아이들은 부모 탓,
부모는 조상 탓

직장에서 쫓겨난 그 날
근로자들은 고용주 탓,
백성들은 정부 탓

오늘날 다수의 사람들은
아담과 하와가 선악과 먹은 이유를
하나님이 선악과를 만든 탓

남을 탓하기 좋아하는 이들에게
굳은 손으로 등을 쓸며
창가에 촛불을 밝히는 이가 있다
그 사랑은 각자의 숨결을 담고 기다린다

거울 속 낯선 눈빛과 마주하고

살 속 깊이 숨은 가시를 뽑듯이
흙먼지 속에서 맨발을 적시며 걷는 길이
잠든 꽃들을 깨우는 비가 되리

바벨탑

오랜 옛날 바벨탑을 쌓던 사람들처럼
오늘날의 사람들도 자신만의 유리 탑을 쌓는다

그들의 가슴속 깊은 곳에는
금빛 불꽃이 타오르고
명예의 깃발이 바람을 깨운다
그들은 자신의 이름을
밤하늘의 가장 밝은 별처럼 새기려
피땀 흘리며 절규하는 몸부림을 멈추지 않는다

그들은 닿을 수 없는 높은 곳의 숨결을
차가운 별빛처럼 여기며
눈길조차 주지 않은 채
그것의 알 수 없는 움직임을
낯설고 기이한 먼 바람 소리로 흘려버린다

어떤 이들은 자신의 탑이 높아질수록
많은 그림자들 위로 우뚝 솟아오르려 하고
어떤 이들은 스스로 세상의 심장이 되어
모든 생명의 줄기를 흔들려 꿈꾼다

별빛 아래 그들이 쌓은 탑 위에서
갈라진 틈새로 스민 흐느낌이

밤하늘에 조용히 흩어지지만
그들은 여전히 그 웅얼거림에 귀를 막고
자신만의 길을 고집하며 외로이 걸어간다

어둠 속의 별들

흑인들은
한밤의 광야에서 태어난 별들인가?
어둠 속에서도 꺼지지 않는
빛의 조각들인가?
신의 분노의 화살을 맞고
그림자 속에 갇힌 존재들일까?

그들의 빛은 저주가 아닌,
세상을 깨우는 또 하나의 태양이다

꽃잎이 저마다 빛깔을 품듯,
숲속 짐승이 각자의 울음으로 노래하듯,
시간의 결 따라 살아온 이야기가
수많은 손길로 짜진 무늬처럼
다채로운 향과 빛을 피워내며
세상을 더 깊고 넉넉하게 물들인다

누군가의 숨결을
겉껍질의 빛깔로
저울질하려 들지 마라

모든 색은
어둠의 깊은 틈 사이에서 피어난

무지개의 숨겨진 보물이다
빗방울과 햇살이 만나
하늘에 걸어 올린 신비의 다리,
그 빛은 세상의 상처 위에 내려앉는
희망의 노래다

상처 위에 내리는 빛

온 땅이
갈라진 상처의 피고름으로
비명을 지르고 있다

이슬람의 기도 탑과 교회의 십자가,
검은 피부와 파란 눈동자,
서로 다른 깃발을 든 자들의
들끓는 가슴 속 불씨가
지구 곳곳에 번개처럼 번지고 있다

불붙은 언어와 날 선 눈빛 속에서
지친 사람들은 무너지는 무릎을 안고
대답 없는 하늘을 쳐다본다

그들에게 꺼지지 않는 빛과
새벽을 주기 위해
침과 돌팔매를 견딘 자가
속삭인다

"너희 마음속 깊은 곳에 잠든
사랑의 씨앗을 날마다 깨워라
메마른 대지에 싹을 틔우는 봄비처럼
서로의 눈을 바라보고 손을 맞잡으며

따뜻한 미소로 고통의 흉터를 보듬어 줄 때
이 땅의 숲은 조금씩 싱그러워지리라"

길의 선택

다수의 사람들은
눈에 그럴듯해 보이는
황금빛 껍데기들이 반짝이는 길로
철새 떼처럼 몰려간다

하지만 그것들을 잡지 못한 사람들은
숨 막히는 심장과 안개 낀 눈동자로 주저앉아
외면했던 수많은 갈래길들과
잃어버린 시간을 떠올리며
메마른 한숨을 토한다

오래된 지혜의 숨결은 속삭인다
유리알처럼 번뜩이는 덫을 지나
햇살 조각 쏟아지는
숲길의 숨소리에 귀 기울이라
그 길은 반짝이는 돌 대신
새들의 지저귐과
바람의 노래를 건네주리니
그 속에서 길 잃은 영혼들은
작은 별빛을 찾아내리라

설령 삶의 걸음이 휘어지고
가시 돋친 덤불이 엉켜 있을지라도

가슴 속에 숨겨진 불씨를 좇아 나아가라
그 길 끝에는 짙은 그림자 저 너머
새로운 날개가 돋고 환한 세상이 펼쳐지리니
어둠에 갇혀 헤맬 땐
깊은 곳 울려오는 메아리, 길 하나 밝혀주리라

어둠 속에서 들려온 노래

21세기, 철과 불의 문명은
태초의 어둠처럼 혼탁한 안개로 출렁인다

지구의 이마마다
전쟁의 화산이 불을 뿜고
물길은 넘쳐 들판을 삼킨다
메마른 땅은 갈라진 입술로 울고
보이지 않는 그림자는
도시의 숨결마다 퍼진다

겁에 질린 하루들이
불안의 날 선 톱니바퀴처럼
멈춤 없이 굴러가는 이 땅에서
어떻게 열매를 맺고
노래를 부를 수 있을까?
누가 이 어둠을 뚫고
새벽을 부를 수 있을까?

태초의 침묵 속에서
첫 빛을 부른 숨결이 들려온다
"내가 너의 발자국마다 머물고 있다
잠들지 않는 눈빛으로 항상 너를 바라보니
아직 오지도 않은 어둠에 눈물 흘리지 마라

상처는 언젠가 꽃으로 피어난다"

밤중에도 별은 깨어 있고
벼랑에서 떨어진 씨앗 하나
숲이 되어 숨을 쉰다

불씨를 지키는 사랑

사랑이라는 말이
온갖 반짝이는 옷을 입고
화면 속에서 춤추지만
거리 끝 어두운 창가에선
텅 빈 눈망울이 하루를 견딘다

아프리카의 땅에선
배를 움켜쥔 아이들이 울고
이스라엘과 팔레스타인 하늘 아래에선
붉은 연기와 총성이
사람들을 어둠 속으로 몰아넣는다

사랑은, 병든 이의 곁에 앉아
이마 위 땀을 닦아주는 손길일까?
혹은 말 대신 고요히
그 눈물에 젖는 마음일까?

길을 잃은 이 곁에
작은 등불을 켜고
흔들리는 불빛 속에서
희망의 길을 더듬으며
차가운 바람을 마주 서는 일이리라

우리가 따뜻한 국 한 그릇을 건네고
마른 손을 부드럽게 잡아주며
외로운 이의 이야기를 들어줄 때,
사랑은 조용히 뿌리내리고
누군가의 불씨가 되리라

씨앗

끝없는 꿈을 품은
생명의 창고

단단한 껍질 안에
숲을 키우는 설계도가 숨어 있고
하늘이 심은 계절을 준비하고 있다는 걸
누가 짐작할 수 있을까요

씨앗은 오랜 세월 어둠의 땅속에서 기다리다가도
햇빛과 비의 축복을 받으면
비좁은 바위틈에서
꿈틀대며 뿌리 내리고
세상 밖으로 고개를 내밀지요

만물의 설계자는 어떻게
작은 씨앗 속 깊은 어둠 속에
숨겨진 빛을 담아
강철 같은 생명력을 넣었을까요

나의 과거와 현재의 흔적들에
묶이지 않게 하시고
그가 나에게 심어놓은
새 생명의 첫걸음을 믿으며

날마다, 봄의 첫 바람처럼
새싹에 따스한 숨결을 불어 넣게 하소서

지구를 위한 외침

오, 별들을 거느리시는 이여
우크라이나와 팔레스타인,
불꽃이 찢는 하늘 아래서
비명의 메아리가 허공에 스며듭니다

배고픔에 진흙물을 홀짝이며
말라붙은 아프리카 아이의 눈빛 하나가
가슴을 유리처럼 부숴버립니다

검은 숨결에 질식한 바다가
고래의 울음으로 뒤집히고
갈 곳 잃은 북극곰 한 마리가
얼음조각 끝에 매달려 흔들립니다

탐욕의 안개 속에 길을 잃은 자들,
권력의 횃불을 들고
터져버린 땅의 통곡에 귀를 닫은 채
깃발 아래 이익만 나누려 칼날을 맞댑니다
그리하여 인류는 어둠의 나락에 몸을 던집니다

오, 별들을 거느리시는 이여
피 묻은 흙을 다시 숨 쉬게 하시고
절망이 짙게 내려앉은 이 땅에

희망의 별 하나 밝혀주소서
그 빛 따라 우리, 미소의 세상으로 나아가게 하소서

잠의 천사

아침에 태양이 솟아오르며
찬란한 햇빛을 보내면
두 눈이 환한 미소를 빛내며
밤새 함께 있던
꿈의 요정을 조용히 떠나보낸다

늦은 밤 잠자리에 들며
두 눈이 빛과 작별 인사를 나누고
낮 동안 외출했던 어둠을 맞이할 땐
잠의 천사가 포근한 날개로 내려앉는다

이 천사는 온몸의 근육을
부드러운 물결처럼 풀며
마음속 깊은 곳까지
포근하게 감싸는 평화가 스며들게 하고
신비로운 꿈나라로 사르르 녹는 듯 안내하며
속삭이는 별빛처럼 조용히 퍼져
보이지 않는 아린 자리를 덮어준다

매일 밤 은밀히 깃드는 수면시간을
달의 숨결로 어루만지며
몸과 마음을 되살리는 잠의 천사는
우주의 품에서 내려온 잔잔한 별빛이다

며칠간 밤새도록 뒤척이며 뜬눈으로 지새우다
상쾌한 아침 햇살을 만나며 눈을 뜬 순간
어둠이 살포시 건넨 선물에
따뜻한 숨소리를 드린다

방귀의 의미

하루에도 여러 번
다양한 소리로 나팔을 분다

대개 남들이 보이지 않을 때는
마음 놓고 '뿌웅뿌웅' 강한 음을 뿜어내지만
사랑하는 연인 곁이나
조심스러운 자리에서는
기꺼이 연주하기를 꺼린다

몸과 마음의 기분이 밝고 맑을 때는
'뽕뽕' 크고 경쾌한 음이 나며
맑고 부드러운 숨결처럼 지나가지만

스트레스를 많이 받거나
배속이 소란스러울 때는
평소보다 자주 악기를 사용하며
'피익' 저음과 함께
역겨운 향기를 풍긴다

내장 수술 후에는,
악기의 첫 울림에
꿰맨 상처의 고통을 넘어
생명이 춤을 춘다

소리의 높낮이와 냄새로
수시로 몸의 속삭임을 알아채도록
작은 악기를 선물로 주신 자의 작품에
따뜻한 미소가 잔잔히 번진다

몸속 물주머니

속삭이는 나침반, 물길의 안내자,
항상 물의 높낮이를 재는
살갗 아래 숨은 작은 주머니

물이 서서히 차오를 때마다
불룩해진 아랫배가
살며시 신호를 보냅니다

잠의 깊은 골짜기에서도
쉼 없이 일합니다
숨결 사이로 스며들며
가느다란 물줄기를 지킵니다

보이지 않는 틈새를 따라
실핏줄 사이로 스며드는 물결은
이슬처럼 맺혔다가 다시 흐르며
내 안을 천천히 채웁니다

요즘 밤이면, 미세한 전류처럼
작은 떨림이 신경을 건드려
잠자던 살결이 깨어납니다

잔잔한 파문에

샘물 같은 흐름이 새어 나오면
물 위에 잎사귀 하나
고요히 제자리를 찾습니다

침샘

맛있는 음식이 눈앞에 다가오면
입안에 가득 고이는 맑은 물결,
그 물은 몸에 작은 신호를 띄워
배고픔을 속삭입니다

고기 접시 앞에서
침을 흘리는 개,
발은 흥분에 들떠 날뛰고
꼬리는 신나게 춤을 춥니다

입안의 부드러운 샘물은
음식을 미끄럼틀 타듯 보내고
몸속에 불씨를 지펴 생기를 돌게 하며
보이지 않는 적을 밀어내고
상처에 이슬 같은 숨결을 얹어
필요할 때마다 고요히 스며납니다

혀 아래 빈틈에 살며시 감춰진
그 샘은 가만히 내려앉은 미소,
그 따스한 온기는 눈부시게 빛납니다

세월이 흘러 시간의 촛농이 쌓이며
입안이 메말라 갈 때

쓸쓸한 바람이 입안을 스치며
이 작은 선물은
깔깔한 혀끝에 번지는
따스한 파도로 밀려옵니다

동양의 슈바이처

평생 그는 가는 곳마다
병든 자들의 고름 흐르는 상처를 어루만지며
흙냄새 밴 손끝으로
메마른 가슴에 온기를 새겨주었다

지나가는 거지에게
손때 묻은 월급봉투를 내밀고
수술실 불빛 아래
밤새 두 손 모아
환자의 숨결을 지켰다

육이오전쟁 중 피란길에 오른 그는
북에 남겨 둔 아내를 마음에서 놓지 못하고
평생 홀로 지내며
수시로 북녘 하늘에 눈물 어린 시선을 보냈다

가운 자락은 닳도록 입고 다녔으며
장롱 속 양복 두 벌은 먼지 속에 잠들었다
사람들은 그를 바보라 부르다가
어느 날, 휑한 방 그의 빈 의자 앞에서
두 손 모은 채 고개를 떨구었다

* 장기려 박사 : 존경받는 기독교인 의사. 부산복음병원 설립자. 청십자 의료보험조합 창설. 청빈과 봉사의 삶으로 유명하며, 별명으로 바보 의사, 한국의 슈바이처, 작은 예수 등이 있다.

평설
評說

눈물의 느낌표: 분열의 치유

더스틴 피커링, 시인 겸 평론가(미국, 텍사스)

우리는 지금 매우 논쟁적인 시대에 살고 있다. 그 속에서 문학, 특히 시는 문화를 잇고 대화를 가능하게 하는 힘을 지닌다. 시인들은 정치적으로 뜨거운 주제를 피하지 않는다. 콜리지Coleridge도 프랑스 혁명의 이상인 '자유, 평등, 박애'에서 비롯된 '판티소크라시pantisocracy'를 믿었다. 이것은 모두가 의무와 자원을 나누며 함께 다스리는 유토피아적 평등주의 정치 체제이다. 20세기에도 칼 샌드버그Carl Sandburg 같은 일부 시인들은 사회주의에 인간 문제의 해답이 있다고 믿었다. 심지어 보수적인 시인 엘리엇Eliot도 그의 장시 <황무지>The Wasteland에서 전쟁과 도덕적 타락이 초래한 파편화를 고발하였다. 이상理想은 시와 예술을 이끌고, 예술은 인간 존재의 본질을 비추며, 개별 영혼을 되돌아보는 거울이 된다.

김완수의 『눈물의 느낌표』 역시 현대 세계의 불안과 혼란 속에서 인간 존재의 슬픔과 고통을 담아낸다. 제목부터가 절박함과 아픔을 드러낸다. 네 부분으로 이루어진 이 시집에서 김 시인은 전쟁, 빈곤, 기후 위기, 가치 혼란, 재난 등으로 인한 상처를 감싸안으려 한다. 시는 세상을 이해하고 화해하는 통로가 된다. 셸리Shelley는 "시는 세상의 숨겨진 아름다움의 베일을 걷어 올려, 익숙한 것들을 마치 익숙하지 않은 것처럼(낯설게) 보이게 한다"고 하였다. 셸리의 시대에도 도시화와 산업화로 기본권을 박탈당한 이들이 많았다. 블레이크Blake 또한 <굴뚝 청소부> 같은 시에서 가난한 아이들의 고통과 꿈을 노래하였다.

김 시인은 서문에서 "세계적 위기를 되새기고 사람들에게 상징적 의미가 풍부한 눈물의 이미지를 통해 성찰과 행동을 촉구하고자 이 시집을 썼다."라고 밝힌다. 즉 이 시집의 목적은 세계가 직면한 문제들을 완화하기 위한 '성찰과 행동'을 독려하는 것이다. 독자들이 기도와 협력을 통해 함께하기를 조언한다. 그의 유려한 언어는 독자들에게 격려를 보내고, 공유된 고통을 통해 그들을 고양시키는 매개체 역할을 한다.

예를 들면, 존 던을 떠오르게 하는 "도대체 누구를 위해 울리는지 모르지만 / 전쟁의 종소리는 우리 모두의 가슴을 찢는다"라는 구절이 있다. 수단, 가자, 우크라이나처럼 전쟁터에서 죽음은 익명성을 띠고, 고통은 모두의 몫이 되는 현실을 환기시킨다. 분쟁의 양쪽 당사자들이 고통받고 많은 나라들이 정신적으로 분열되는 와중에도, 전쟁의 종소리는 '우리 모두의 가슴을 찢는다'. 갈등의 공포는 영적으로 깨어 있는 자들마저 갈라지게 하며, 양측 모두 자신의 정의와 외침이 받아들여지기를 바라기에 전쟁은 분열을 낳는다.

<누구를 위해 종은 울리나>에서 김 시인은 다음과 같이 쓴다.

> 붕괴된 병원의 피 묻은 메스와 함께
> 허공에 외침을 흩뿌리는 흰 가운

치유자조차도 치유를 위한 인내가 필요하다. 모두가 무력해지는 것이 전쟁이다.

다음 시 <침묵하는 신들>에서는 "철새 떼처럼 급습하는 폭격기들 / 미사일들은 유성처럼 팔레스타인을 향해 곤두박질치고 / 이스라엘의 끓는 피가 시뻘건 불꽃 되어 / 고대의 땅을 삼키자 / 팔레스타인 소녀, 부서진 집 앞에서 넋을 잃고 선다"고 노래한다.

전쟁의 참혹함을 자연의 이미지로 묘사하는 것은 이중적인 목적을 지닌다. 하나는 인간의 힘이 자연 세계의 그것과 유사하다는 점을 암시하는 것이고, 다른 하나는 셸리가 말한 '시는 베일을 걷어 올린다'는 주장, 즉 시가 감추어진 진실을 드러낸다는 시적 기능을 포함하는 것이다. 아무리 참혹한 시대일지라도, 자연 이미지로 구현된 시적 아름다움은 여전히 진실을 드러내고 감동을 전하는 본연의 역할을 잃지 않는다.

이어지는 구절에서는 다음과 같이 말한다.

> 연약한 생명들이 꽃잎처럼 스러진다
> 신들의 이름, 검은 재 되어 흩어지고
> 하늘은 핏빛으로 물들고 지상은 지옥으로 변한다

신들은 침묵하지만, 생명의 연약함 속에 여전히 존재한다. 이 시는 그 연약함을 통해 우리가 세상을 바라보는 방식이 곧 우리가 중요하게 여기는 가치를 드러낸다고 말한다. "인간이 신들의 품을 떠났는가?"라는 마지막 질문은, 우리가 신뿐 아니라 신이 상징하는 가치들까지도 저버린 것은 아닌지를 되묻는다.

김 시인의 시집 전반에 반복적으로 나타나는 강렬한 이미지들은 깊은 도덕적 세계관을 반영한다. <시인이여, 함께 일어나자>에서 그는 문단 내 연대를 촉진하자고 동료 시인들에게 호소한다.

> 시인들이여,
> 지혜의 등불을 들자
> 악의 속삭임을 완전히 잠재울 순 없어도
> 복수의 불길에 휘말리지 않는

> 자비로운 빛으로 길을 비추는 시를
> 흘려보낼 수 있으니

시는 세상의 도덕적 딜레마를 완전히 제거하지는 못하지만, 자비로운 빛이 될 수 있음을 보여준다.

그의 시는 공포와 증오 대신 연대와 희망을 이야기한다. 김 시인은 아이들이 주는 희망을 독자에게 상기시키기 위해 은유를 신중하게 선택한다. <북한을 위해 울어라 2>에서는 이렇게 호소한다.

> 남쪽의 백성이여, 눈물을 쏟아라
> 굶주린 형제의
> 숨죽인 외침이 들리지 않는가
> 그리움은 아직도 숨 쉬니
> 함께 손잡고 기도하자
> 남과 북 모두에
> 아이들의 웃음꽃이 피어나게

남한 사람으로서 김 시인은 굶주리는 북한의 아픔을 잊지 말 것을 당부한다. 아이들의 웃음과 기도를 통한 연대는 한반도 전체를 향한 희망으로 제시된다.

이어지는 <남한을 위해 울어라 2>에서는 다음과 같이 적는다.

> 북녘의 지도자여
> 심장이 아직도 꿈틀거린다면
> 먼지 묻은 어린 날의 미소를 꺼내고
> 눈물로 얼룩진 영혼을 내보여다오

이러한 구절들은 공유된 인간애와 삶의 따뜻하고 소중한 것들에 대한 사랑을 통해 북한 지도부에 호소한다.

심지어 가장 어두운 인간의 내면에도 호소할 수 있음을 보여준다. <기다림의 강>에서는 시인이 자신의 내면을 돌아본다.

> 이제는 아무리 짜증 나고 괴로워도
> 너를 향한 날 선 돌멩이를 내려놓고
> 불꽃처럼 타거나 얼음처럼 차가운 눈빛도 감출 게
>
> 이제는 쌓인 시간의 먼지 속에서도
> 너를 외면하거나 등을 돌리지 않고
> 창가에 있는 어머니처럼 조용히 기다릴 게

이 개인적인 고백은 독자들에게도 인내의 덕목을 상기시킨다. 평화를 갈망하는 세상에서 조급함은 분열을 초래한다. 고요히 기다리는 것이야말로 최고의 치유임을 역설한다.

김 시인의 도덕적 시선은 자연 세계로도 확장된다. <바다의 눈물>에서는 바다의 고통을 다음과 같이 그려낸다.

> 바다는 거친 파도에 몸을 실어
> 숨 막히는 냄새 속에서 터져 나오는
> 마지막 신음처럼 외친다
> "검은 물비늘이 온몸에 퍼지고 있어
> 파랗던 호흡, 끊어질 듯 가늘어졌어"

죽음을 상징하는 시어는 절망과 두려움을 반영한다. 김 시인의 이미지와 상징은 자연과 인간 세계 사이의 유사성을 드러내어, 독자들의 인간적인 감수성에 호소한다. 시인이 사용하는 언어에 담긴 절박함은 자연을 당연시하며 무심히 소비하는 독자들에게 강하게 전달된다.

<디지털 바다>에서는 자연 이미지를 역으로 활용하여 디지털 세계의 산만함을 비판한다.

> 거짓된 먼지들이 몰아치는 강풍이
> 수시로 바닷물을 휘저어
> 푸르던 나무들이 뿌리마저 흔들린다

이처럼 자연 이미지를 빌려 디지털의 혼란에서 상상력을 해방시키려 한다.

시집의 세 번째 부분에서는 '가치'를 논의한다. <어둠 속에서 빛나는 빛>에서는 서로 다른 방식의 헌신을 통해 가치의 다양성과 그 의미를 드러낸다.

> 누군가는 땀과 눈물로 길을 닦고
> 또 다른 누군가는 자신을 불태우며
> 세상의 그늘 속에 희망의 별을 묻는다

희생과 헌신의 다양한 양상을 담아내며, 이 구절들은 독자들에게 희망을 유지하고 새로운 세상을 창조하는 노동의 힘을 상기시킨다. 끈기는 '땀과 눈물'을 요구하는 미덕이며, 삶 그 자체가 '세상 어둠 속 희망의 별'이다. <삶의 주인>에서는 별빛이 다시 등장한다.

> 불쑥 몰아치는 회오리바람에
> 검은 짐승 같은 그림자가 마음을 물들일 때
> 내 안 깊은 곳, 별빛 하나 속삭인다
>
> "깊고 고요한 밤하늘처럼
> 혼돈 속에서도 고요함을 품어봐

> 너의 어둠을 비추는 저 빛은
> 보이지 않는 실처럼 우리를 잇고 있어"

이 '보이지 않는 실'은 초월적인 존재 또는 인간성을 연민으로 묶는 내면의 양심으로 해석될 수 있다. 김 시인의 이미지 병렬 사용은 시집 전체에 통일된 비전을 부여한다.

<영혼의 나무>에서는 윤리적 기여의 가치를 다음과 같이 표현한다.

> 가정의 정원에 피어나는 붉은 꽃처럼
> 심장을 조이는 통증과 식은땀이 번질 무렵,
> 새 생명의 울음이 터질 때
> 기쁨과 눈물이 함께 피어난다

이는 희망이 고통에서 피어난다는 것을 의미하며, 마치 새싹이 자라기 위해 고난을 양분으로 필요로 하는 것과 같다.

<한국의 퀴어 축제>와 같은 이후의 시들은 인간 존엄성에 대한 더 넓은 의미를 제시한다.

> 무지개색 깃발 아래
> 춤추는 영혼들 위에 빛과 그림자가 섞인 눈물이 흐르고
> 하늘에서 애절한 기도처럼 내리는 빗줄기는
> 치유의 손길처럼 메마르고 갈라진 땅을 적시며
> 새싹을 틔운다

<한국의 퀴어 축제>에서 김 시인은 "무지개색 깃발 아래 / 춤추는 영혼들 위에 빛과 그림자가 섞인 눈물이 흐르고"라고 노래한다. 이 구절에서 "빛과 그림자가 섞인 눈물"은 단순한 감정 표현을 넘어,

차별과 환대가 동시에 존재하는 현실의 복합성을 응축한다. 이어지는 "하늘에서 애절한 기도처럼 내리는 빗줄기"는 하늘과 인간을 잇는 영적 매개체로서의 '비'를 묘사하며, 마른 대지를 적시는 장면은 곧 소외된 존재들의 치유와 생명의 재생을 암시한다. 여기서 '비'는 단순한 자연현상을 넘어 사회적 갱신과 포용을 가능하게 하는 은유적 장치로 기능한다.

김 시인은 이러한 장면을 통해 다양성의 수용이야말로 진정한 조화를 이룰 수 있는 길임을 시적으로 암시한다. 이처럼 시 속 자연 이미지는 단순한 장식이 아니라 윤리적 메시지를 전달하는 살아있는 언어로 기능한다.

시집의 적절한 마무리가 되는 <불씨를 지키는 사랑>에서 김 시인은 집단적 책임의 이미지로 돌아간다.

> 우리가 따뜻한 국 한 그릇을 건네고
> 마른 손을 부드럽게 잡아주며
> 외로운 이의 이야기를 들어줄 때,
> 사랑은 조용히 뿌리내리고
> 누군가의 불씨가 되리라

『눈물의 느낌표』는 독단이 아닌 온전함을 향한 영적 갈망에서 비롯된 진실한 도덕적 비전을 제시한다.

김완수 시인의 시적 기교에서 두드러진 특징은, 고전적인 문학적 장치—예를 들면 독백법apostrophe, 수사적 반복rhetorical repetition, 확장 은유extended metaphor—를 현대의 세계적 감수성과 자연스럽게 융합해 낸다는 점이다. 특히「바다의 눈물」과 같은 시에서는 의인화를 통해 자연을 단순한 배경이 아닌 고통받는 주체로 묘사하며, 예언자적인 목소리를 낸다. 그는 또한 행갈이enjambment와 은근한 내부 리듬을 사용하여 명확한 격식을 따르지 않으면서도 정서적 흐름을 정교하게 조율한다. 이러한 기술적 정밀함은 그의 시가 도덕적 무게를 담고 있으면서도 서정적 맑음을 유지하게 한다. 그의 은유는 종종 영적이고 추상적인 층위와 구체적이고 감각적인 층위를 넘나들며 중층적으로 구성되어 있어, 독자들에게 되풀이해서 읽도록 유도하는 깊이를 제공한다.

독자들이 '보이지 않는 실'을 신, 양심 또는 사랑으로 해석하든, 김 시인의 시는 영적 경계를 넘어 소통할 수 있을 만큼 열려 있다. 그의 시적 목소리는 생생한 은유, 음악적인 균형, 그리고 도덕적 긴급함으로 특징지어진다. 파편화된 세상에서 김 시인의 작품은 시적인 말이 치유의 행위가 될 수 있음을 상기시킨다.

예언자적 지성, 그 준엄한 질타

김봉군, 문학평론가 겸 가톨릭대학교 명예교수

1. 실마리

김완수 시인의 시집 『눈물의 느낌표』는 전쟁, 기아, 환경 파괴 등 현대 사회의 고통과 위기를 주제로 다루면서도, 감각적이고 생생한 은유적 이미지로 그 현실을 묘파한다. 특히 영탄과 비유, 상징을 효과적으로 활용하여 독자에게 예술적 울림과 깊은 감동을 전한다. 그의 시는 고발이나 설명에 머물지 않고, 정제된 시적 언어로 현실을 꿰뚫는 통찰을 보여준다.

이러한 시적 언어는 단정적인 어조를 피하고, 간청하거나 호소하는 방식으로 독자에게 다가온다. 특히 진심 어린 기도와 절절한 외침으로 전해지는 화자의 목소리는 문학적 감동과 도덕적 설득력을 동시에 지닌다.

이같이 장엄하고 준열한 어조의 먼 선조는 히브리 구약 시대의 신지자 《이사야》·《미가》, 에인자 예레미아 《예레미야》·《예레미야 애가》, 선지자 다니엘 《다니엘》 등이다. 이들은 불신앙에 대한 준엄한 책망, 망국에 대한 애국적 고뇌와 창궐하는 죄악에 대한 준엄한 질타, 예언 등의 격앙된 어조를 띤다. 특히 《예레미야 애가》는 눈물과 통탄을 노골화한다.

우리 역사상 이런 예언자적 지성은 조선조의 사육신, 남명 조식, 다산 정약용과 20세기의 함석헌, 유치환, 박두진, 구상 등이다.

김완수 시인은 동서양의 예언 정신을 계승한 시인들의 계보를 잇는 21세기의 대표 시인이다.

이 시집에 제시된 4대 제재 가난과 전쟁, 환경 오염, 가치관 혼돈, 신과 인간 문제에 대한 시인의 말은 어떤 것인가?

2. 김완수 시인의 예언자적 지성

김완수 시인의 시적 화자는 예언자적 지성의 어조를 띤다. 서구의 지성에는 사제적 지성과 예언자적 지성이 있다. 사제적 지성은 제도의 틀 안에서 역사 형성에 참여하며, 예언자적 지성은 기존의 틀을 통째로 부정, 질타하며 혁명적 변화를 촉구한다. 그는 세상의 부조리를 네 가지 범주로 묶어 투시, 질타한다.

(1) 가난과 전쟁

시의 화자는 한민족과 인류의 부조리를 직시한다. 가난과 병고에 속수무책인 인류의 소외 지대, 빈곤한 북한과 비대한 남한, 유아독존의 북한 지도자와 무심한 남한 사람들, 러시아와 우크라이나 간의 무모한 전쟁, 신앙의 이중성을 노골화하는 팔레스타인·이스라엘 전쟁, 의뭉한 중국의 위협 앞에 떠는 타이완 등 국제 정세에 그는 아파한다. 저런 거대 담론에 쏠리어 외면당하는 아프가니스탄 지진도 시의 화자는 놓치지 않는다. 위정자들을 향한 관심 또한 철저하다. 마침내 그는 기도의 어조로 귀착한다.

인류를 불행하게 하는 부정적 명제는 가난과 전쟁에 관한 것이다. 김 시인의 시적 자아는 이 절통한 명제를 아프게 대면한다. 보여주기showing의 말하기 방식a way of saying으로 참상을 표출했다. 참상이 추상화하게 마련인 들려주기telling 방식을 피했다.

>한 핏줄 뿌리 깊은
>북쪽 땅은
>70여 년 검은 강물에 잠기고
>닫힌 철문 너머로
>그리운 손길도 끊어졌구나
>
>남쪽의 백성이여 눈물을 쏟아라
>굶주린 형제의
>숨죽인 외침이 들리지 않는가
>그리움은 아직도 숨 쉬니
>함께 손잡고 기도하자
>남과 북 모두에
>아이들의 웃음꽃이 피어나게

<북한을 위해 울어라 2>의 1, 4연이다. 남북한의 경제력 차이가 54배인데, 1인 우상화의 집단주의 체제 북한을 구원할 방도는 무엇일까? 시의 화자는 남한의 일방적 풍요에 탄식한다. 북한 형제들과 남한의 반려견이 대비되는 저쪽의 참상이 아프다.

>북쪽 땅이여
>칠십여 년 전, 원한의 불길이 타올라
>포탄의 비를 퍼부어
>피로 남쪽 대지를 적셨지
>그 얼룩, 지금도 눈꺼풀 아래 번지고 있지 않은가

미사일과 핵의 섬광 뒤편에
　　밤마다 젖는 베개를 숨기며
　　원수라 부른 그 백성들 앞에서
　　그대의 가슴은 더 무겁지 않았는가

　　북녘의 지도자여
　　심장이 아직도 꿈틀거린다면
　　먼지 묻은 어린 날의 미소를 꺼내고
　　눈물로 얼룩진 영혼을 내보여다오

<남한을 위해 울어라 2>의 1, 3, 5연이다. 74년 전 남침하여 온 국토를 초토화하고, 형제 살해의 피밭을 만들었던 김일성 손자 김정은이 죄를 참회하기는커녕 원자탄과 미사일로 남한을 위협하는 적반하장의 배리背理. 시의 화자는 그에게 통회의 눈물을 요구한다.

　　일 년 넘게 밤낮없이
　　러시아와 우크라이나 하늘에
　　포탄의 비가 죽음의 씨앗처럼 쏟아진다

　　미사일들의 굉음 속에 삶이 부서지는 곳곳마다
　　하늘 향해 울려 퍼지는 피 흘리는 시민들의 떨리는 숨결
　　향기로운 꽃잎 대신 숨죽인 듯 축 늘어진 꽃들

　　도대체 누구를 위해 울리는지 모르지만
　　전쟁의 종소리는 우리 모두의 가슴을 찢는다

<누구를 위하여 종은 울리나> 1, 4, 5연이다. 미국 작가 어니스트 헤밍웨이가 스페인 내란에 참전한 경험으로 쓴 같은 제목의 차용이다. 푸틴의 우크라이나 침략으로 시작된 이 전쟁의 의미를 묻고 있다. 옛 소비에트연방에 속하였던 우크라이나가 서방 유럽 연

합의 일원이 되려는 데 대한 응징, 이것이 러시아 대통령 푸틴의 전쟁 명분이다. 인류 평화의 이상에 비추어볼 때, 푸틴의 명분이라는 것의 궁극적 의의는 대체 무엇인가, 시의 화자는 개탄한다. 우크라이나 젤렌스키 대통령의 분투가 눈물겹다.

> 팔레스타인은 알라를, 이스라엘은 여호와를 부르짖지만
> 그들의 텅 빈 입술에서 메마른 기도만 흐른다
> 성경과 코란은 피로 얼룩지고
> 사랑이 자랐던 자리, 증오가 독초처럼 돋아난다
>
> 얼마나 더 숫자들로 뒤엉킨 진흙탕에 빠져
> 차가운 눈빛으로 하늘만 바라볼 것인가?
> 고요한 밤, 귀를 찢는 외침이
> 피멍 든 하늘을 가르며 퍼진다

전자는 <침묵하는 신들>, 후자는 <불씨들이 되게 하소서>의 일부다. 어느 날 밤 갑자기 패러글라이딩과 굴삭기로 이스라엘 국경을 넘어와, 한창 축제를 즐기는 이스라엘 남녀노소 다수를 하마스는 인질로 잡아갔다. 같은 하나님을 향해 알라로, 여호와로 부르며 납치와 살상을 일삼는 종교인들의 위선을 질타한다.

대만을 침탈하려는 시진핑의 중국, 일촉즉발의 위험 지대다. '마을 전체가 공동묘지로 변한' 아프가니스탄의 지진은 소외되어 있다. 하지만 시인은 이를 놓칠 리 없다.

> 너를 떠올릴 때마다
> 가슴 깊은 곳에 검은 갈고리가 박히고
> 잿빛 파도가 몰려와
> 거친 숨결로 쓰디쓴 바람을
> 뿜어내고 싶었다

> 그들의 심장 속 불씨가 꺼지지 않게 하시고
> 풀밭에 무릎 꿇듯 고개 숙여
> 메마른 입술의 말을 들으며
> 터진 살결 위에 손을 얹고 함께 눈물짓게 하소서

전자는 <부서진 약속을 넘어>, 후자는 <지도자들을 위한 기도>의 일부다. 거짓 약속과 억압을 일삼는 자와 정치 지도자들에게 분노를 품으나, 마침내 그들을 위하여 기도하는 화자를 만나게 하는 시다.

(2) 환경 오염

현대의 비극은 인간과 자연, 인간 상호 간, 그리고 인간과 절대 진리(절대자)와의 분리detachment에서 비롯된다. 이 중 환경 오염은 인간과 자연의 분리로 인해 발생한 대표적인 비극이며, 김 시인의 시는 이를 날카롭게 조망한다.

그의 시는 초월적 존재와 자연의 섭리를 긴밀히 연결하는 깊은 사유를 바탕으로, 풍부한 은유와 상징, 함축적인 표현을 통해 독자에게 다층적인 해석 가능성을 제시한다. 이러한 열린 구조는 작품의 영적 깊이를 보편적 인간 사유와 감성의 영역으로 확장시키며, 단일한 해석에 머물지 않고 다양한 독법을 가능하게 하는 유연성을 지닌다.

김 시인의 자연시는 대자연을 단순한 배경이 아닌, 절대자의 섭리와 인간 존재의 본질을 성찰하는 통로로 삼는다. 시적 화자는 달, 바다, 빙하, 미세먼지, 뒤집힌 계절, 가짜 문자와 이미지, 보이스 피싱, 디지털 쓰레기, 그리고 거짓 선동에 익숙해진 지도자들의 언행

등 현대 사회의 다양한 오염원을 지목하며, 이 모든 것이 자연과 인간, 진리 사이의 단절에서 비롯된 결과임을 드러낸다.

> 차갑게 번쩍이는 간판과
> 도시의 휘황한 불빛 위에서
>
> 눈물에 젖어 빛을 잃은
> 그 여인의 얼굴엔
> 잔잔한 흐느낌이 머물고
> 바람은 아프도록
> 그녀의 이름을 부른다

<달의 슬픔> 일부다. '빛을 잃은 그 여인의 얼굴'이라는 표현은 인간과 신적 질서 간의 단절을 은유한다. 이 시는 문명의 인공 빛 아래 신성한 빛(달빛, 별빛)의 소멸을 통해 자연과 진리의 단절을 상징적으로 보여준다. 문명의 인공 빛이 지배하는 도회 속에서 달빛과 별빛은 점점 희미해진다. '달의 슬픔'은 이러한 상실감을 통해 인간이 자연과 신적 질서로부터 얼마나 멀어졌는지를 섬세하게 보여준다.

> 바다는 거친 파도에 몸을 실어
> 숨 막히는 냄새 속에서 터져 나오는
> 마지막 신음처럼 외친다
> "검은 물비늘이 온몸에 퍼지고 있어
> 파랗던 호흡, 끊어질 듯 가늘어졌어"
>
> 인간들은 바다를 바람처럼 지나치지만
> 바다는 눈물을 멈추지 않고
> 하얀 포말로 쓴 편지를
> 해안선에 매일 같이 밀어 보낸다

<바다의 눈물> 일부다. 바다의 눈물은 오염된 자연이 흘리는 눈물로, 인간의 탐욕과 무관심이 초래한 생태적 붕괴를 상징한다. 해양을 뒤덮은 쓰레기와 그로 인한 부패는 이 붕괴의 단면을 여실히 보여준다. 바다는 그 위에서도 여전히 파도와 포말로 편지를 써 보내며, 말 없는 저항을 이어간다. 이 시는 인간의 이기심 속에서 말라가는 생명의 호흡과, 그에 맞선 자연의 슬픈 외침을 절절히 전한다.

　　　　때로는 숨을 가려도
　　　　숨겨진 먼지는 더 거세어져
　　　　몸속 깊은 생명의 둥지까지 파고들고
　　　　작고 연약해 보이지만
　　　　그 속삭임은 뼛속을 저미는 독처럼 퍼진다

　　<바람 속의 침입자> 일부다. 미세먼지를 '어두운 그림자인 침입자'로 비유한 이 표현은, 그 보이지 않는 위협성과 파괴력을 강조한다. 중국을 이웃으로 둔 지정학적 숙명. 우선 우리 자신의 산업 활동, 교통수단부터 단속할 일이다.

　　　　날이 갈수록
　　　　계절은 고삐 풀린 짐승처럼 날뛰고
　　　　예고도 없이
　　　　번개를 쏘아 올리며
　　　　울부짖는 눈보라를 뿜는다

　　　　하지만 인간들은
　　　　녹아내리는 빙하의 고통을 외면한 채
　　　　불빛 아래 쓰레기를 쌓고
　　　　회색 깃발을 높이 흔들며
　　　　파도 위에 검은 꽃을 띄운다

<뒤집힌 계절> 3, 4연이다. '하늘에 있는 재난의 시계는~ 모래처럼 흐르는 바늘을 끝을 향해 움직인다'5연이며 촉박한 파멸을 예고하는 시다.

> 쏟아지는 정보의 바다에서
> 진실은 외딴섬처럼 고요히 떠 있다
> 만개한 꽃 같은 허위 정보와 딥페이크가
> 비단 무늬 두른 독사처럼 춤추는 세상 속에서
> 우리는 숨겨진 빛을 찾아 헤매는
> 나침반 잃은 배처럼 안갯속을 떠돈다

<안개의 미로에서> 1연이다. 현란한 치장을 한 거짓 소식과 가짜 이미지들은 무방비인 사람의 감성을 흔들기에, 이성理性이 '나침반 잃은 배'처럼 동요하는 지경에 이른다. 사람의 허약한 로고스는 이미 파토스와 대적할 상대가 아니다. 디지털 시대의 사람이란 파스칼의 '생각하는 갈대'가 아니다. 호모 사피엔스 그 정체성, 파탄지경이다.

> 디지털 바다에
> 쓰레기 산들이 솟아나며
> 유혹의 꽃들이
> 화려한 독버섯처럼 만발한다

<디지털 바다> 4연이다. 여기서 디지털 쓰레기는 환경 오염의 치명적 독소로 전경화前景化해 있다.

> 입에서 흘러나오는 말들이
> 막대사탕처럼 달콤하지만
> 독을 품은 여우들,
> 양털을 뒤집어쓴 채 웃는다

푸른 연을 날리던 아이들의 가슴에
빗물처럼 찬 배신이 떨어진다

거울 앞에서 금빛 왕관을 쓴 채
허공을 향해 웃는 고독한 그림자들

<거짓의 가면들> 1∼3연이다. 거짓된 권력자들이 여우, 배신자, 고독한 그림자로 비유된 대목이다. 하나같이 위선과 기만으로 무장한 지도자들의 병든 내면을 시의 화자는 개탄한다.

(3) 가치관의 혼돈

시의 화자는 진정한 성공이란 무엇이며, 삶의 주인은 누구인가를 절박한 어조로 묻는다. 교단을 황폐화하는 학생의 폭력과 학부모의 안하무인격 횡포, 향락의 성탄전야, 명복을 빈다는 허탄한 습성, 반려견만도 못한 걸인의 처지, 결혼의 족쇄 문제, 권력의 비극, 보이지 않는 감옥, 나눔으로 피는 꽃이 가치관 문제의 총 요목이다.

오늘도 시간의 물결을 따라
삶의 배는
수시로 폭풍우 치는 세상의 바다 위를 나아간다

때로는 불꽃처럼 치솟는 갈망을 따라
때로는 햇살 같은 꿈을 좇아
때로는 안개 낀 고요 속에서
흔들리는 노를 힘겹게 젓는다

늘 목마른 항아리처럼
남의 잔에 넘쳐흐르는 물방울이

가슴 속에 질투의 파문을 일으킨다

　<삶의 주인> 1~3연이다. 욕망의 불꽃, 꿈의 빛, 고요한 안개 속 불확실함이 교차하는 항해의 여정 속에서, 삶은 끊임없는 움직임과 갈등의 연속임을 드러낸다. 화자는 거친 세상의 파도 위를 나아가는 인간 존재를 '삶의 배'에 비유하며, 흔들리는 노를 젓는 고단한 과정을 통해, 살아간다는 것의 고투와 애틋함을 묘사한다.

　프랑스 비평가 자크 라캉의 『욕망 이론』이 이 맥락에서 떠오른다. 그는 "욕망의 주체는 나그네, 길은 사막, 대상은 신기루"라고 말했다. 이는 욕망이 실현 가능성을 갖기보다는 부단히 따라가지만 닿을 수 없는 것이라는 점에서, 시 속 '불꽃처럼 치솟는 갈망'이나 '남의 잔에 넘쳐흐르는 물방울'을 좇는 인간의 모습과 겹친다.

　고요 속 흔들림, 목마름, 질투의 파문 비유는 완전한 충족이란 없다는 삶의 진실을 드러내며, 그럼에도 계속 노를 젓게 만드는 것은 바로 라캉이 말한 "욕망이 있기에 우리는 살아간다"라는 명제와 다름이 없다.

　　　교사의 일기: 학부모들의 전화나 문자로
　　　날마다 목구멍이 조인다
　　　밤마다 그들의 환청이 심장을 바늘로 찔러댄다
　　　멈추지 않는 눈물에 베개가 젖고
　　　어둠 속으로 더 깊이 가라앉는다
　　　사는 게 힘겨워
　　　쇠줄에 묶인 하루들을 벗어버리고 싶다

　<빛 잃은 눈동자> 3연이다. 일부 이상한 교원 단체가 주도하여 만든 '학생 인권 조례'가 문제다. 학생·학부모와 교사를 적대적 집단

화함으로써 교사의 인권이 치명적으로 추락한 세태를 반영한 시다. 지난 6년간 스스로 목숨을 버린 교사가 100인이다. 패륜의 치명적 세태다.

"저 너머 꽃들이 핀 나라로
지금쯤 발걸음을 옮기셨겠죠"

그들의 꿀을 바른 입술에서 흐르는 말들이
과연 저 별 무리 틈 사이
하늘의 창을 두드릴 수 있을까?

<고인의 명복을 빕니다> 4, 5연이다. 4연에서는, 죽음을 맞은 이가 '저 너머 꽃들이 핀 나라'—곧 아름답고 평화로운 사후 세계—로 떠났을 것이라는 소망 어린 상상이 제시된다. 이 '꽃들이 핀 나라'는 독자에 따라 천국, 또는 이상적이고 안식이 있는 세계로 읽힐 수 있다.

5연에서는, 장례식장에서 흔히 들리는 애도의 말들, 즉 "고인의 명복을 빕니다"와 같은 관습적인 언어들이 진정으로 하늘에 닿을 수 있는지 반문한다. '꿀을 바른 입술'은 겉으로는 달콤하고 정중하지만, 진심 없는 말일 수 있다는 뉘앙스를 내포한다. 화자는 과연 그러한 말들이 '별 무리 틈 사이'—즉 천상의 세계—까지 도달해 '하늘의 창'을 두드릴 수 있을지 묻는다. 여기서 '하늘'은 초월적 세계, 혹은 영적인 차원으로 해석될 수 있으며, 독자에 따라 기독교적 천국의 이미지와 겹칠 수도 있다. 이처럼 시인은 죽음을 애도하는 방식, 언어의 진실성, 그리고 종교적 상상력을 교차시키며, 사후 세계와 남겨진 자들의 태도를 성찰하게 한다.

주점에서는
취객들의 술잔 부딪히는 소리 속에

예수의 사진은 빈 잔으로 엎어져 있다

　　　뒷골목 클럽에서는
　　　조명과 음악에 취한 남녀들이
　　　비트에 몸을 맡긴 채
　　　눈빛은 술기운에 잠긴다

　<성탄전야> 4, 5연이다. 성聖과 속俗이 혼돈 상태인 배리背理의 환락경이다. 거룩한 크리스마스가 육肉의 제전으로 전락한 장면이다.

　　　강아지와 함께 걷는 젊은 여인이
　　　반짝이는 눈동자의 강아지에게
　　　사랑스러운 미소를 보내며
　　　수시로 먹이를 입에 넣어준다

　　　지렁이라도 본 듯
　　　빠른 걸음으로 걸인을 지나치는 사람들은
　　　강아지에게
　　　밝은 미소를 건넨다

　<강아지와 걸인> 1, 3연이다. 이 작품의 지배소dominant는 '시선'이다. 시선이 함축한 배리는 적나라한 인간 본성에서 빚어진다. 어느 지방 자치 단체 교양 강좌에 초대받은 강사는 "부모님을 개처럼 대하세요."라 하여 갈채를 받았다. 반려견 사랑에 부모가 버림받은 시대가 아닌가.

　　　많은 이들이
　　　빛나는 실타래에 걸려
　　　길잡이 별을 놓쳐버린 채

숫자들 사이에서 허우적대고
보이지 않는 벽에 부딪히며
푸른 하늘을 꿈꾸던 날개가 접힌다

<보이지 않는 감옥> 3연이다. 르네상스적 인본주의 이후, 인류가 과학 문명의 눈부신 발전 속에서 길을 잃어가는 모습을 상징적으로 드러낸다.

'빛나는 실타래'는 현대 문명의 화려함과 복잡성을, '길잡이 별'은 인간이 본래 추구해야 할 초월적 가치나 신앙, 절대 진리를 상징한다. 이 연은 많은 이들이 외형적 번영에 현혹되어 삶의 본질적 방향을 놓친 채, 수치와 계산—즉 물질과 정보 중심의 세계—속에서 허우적대며, '보이지 않는 벽'에 자꾸 부딪히는 현실을 묘사한다.

이러한 상황 속에서 '푸른 하늘을 꿈꾸던 날개'—인간의 영혼과 이상, 영성spirituality—는 점점 접히고 만다. 인간의 고귀한 본성이 현실의 무게와 방향 상실 속에서 위축되고 왜곡되어 가는 비극적 모습이다.

(4) 신과 인간

시의 화자는 한국의 퀴어 축제, 선악과, 바벨탑, 흑인 창조의 이유를 비롯하여 길의 선택, 어둠 속에서 들려온 노래, 원자탄 같은 사랑, 바보 의사 장기려 박사, 사랑의 사회 운동가 채규철 선생의 사랑을 알린다. 마침내 진정한 사랑의 의미와 씨앗의 비의祕義를 캐어 물으며, 절절한 외침의 기도로 가슴을 친다.

온 땅이
갈라진 상처의 피고름으로

비명을 지르고 있다

　　　이슬람의 기도 탑과 교회의 십자가,
　　　검은 피부와 파란 눈동자,
　　　서로 다른 깃발을 든 자들의
　　　들끓는 가슴 속 불씨가
　　　지구 곳곳에 번개처럼 번지고 있다

　<상처 위에 내리는 빛> 1, 2연이다. 온 세상이 '만남'이 아닌 '분리, 분열detachment'의 비극에 가세하여 피고름을 흘리며 비명을 지르는 참담한 현실을 고발하는 상황이다. 인류가 '불신과 증오'의 불을 뿜는 악머구리들이 되었다.

　이슬람 사원의 첨탑과 교회의 십자가, 검은 피부와 푸른 눈동자, 서로 다른 깃발 아래 선 이들의 가슴속에 들끓는 불씨는 국경을 넘어 지구촌 곳곳을 불태우고 있다. 이는 단지 종교나 인종, 국적의 차이를 넘어선 내면의 불신과 적대감이 폭발하는 양상을 보여준다. 시인은 이러한 불길한 분열의 흐름 속에서, 인간 내면에 잠재된 사랑과 용서의 본성을 다시 일깨우기를 호소한다. 피 흘리며 구원의 빛을 전한 예수의 사랑처럼, 이제는 분노의 불씨를 꺼뜨릴 빛을 우리의 상처 위에 내려야 할 때임을 강조한다.

　　　오래된 지혜의 숨결은 속삭이나
　　　유리알처럼 번뜩이는 덫을 지나
　　　햇살 조각 쏟아지는
　　　숲길의 숨소리에 귀 기울이라
　　　그 길은 반짝이는 돌 대신
　　　새들의 지저귐과
　　　바람의 노래를 건네주리니
　　　그 속에서 길 잃은 영혼들은

작은 별빛을 찾아내리라

<길의 선택> 3연이다. '길'의 선택에 대한 지혜를 전하는 대목이다. 인생길은 선택과 만남의 과정이다. 어떤 길을 선택하며 어떤 존재를 만나느냐에 따라 인생의 질이 결정된다. 지금 이 땅에서 핫이슈가 되고 있는 '의과 대학 블랙홀' 현상도 길의 선택에 대한 문제다.

시인은 사랑으로 자신을 희생한 '사랑의 원자탄' 손양원 목사, 성의 장기려 박사, 그리고 거룩한 사회 운동가 채규철 선생의 사랑을 인간애의 전범으로 제시한다.

> 그는 두 아들을 죽인 원수를 품에 안고
> 때로는 끓어오르는 눈물을 삼키며
> 때로는 아이들 웃음이 바람결에 스칠 때
> 심장을 움켜쥐고 통곡의 밤을 건너며
> 핏빛 기도를 새 아들의 굳은살에 스며들게 했다
>
> 일제의 제단 앞에서 등을 돌리고
> 쇠창살 뒤 어둠 속에 갇혔건만
> 바닥에 떨어진 눈물방울 하나
> 어둠 속 별빛처럼 더욱 환히 빛났다

예수 그리스도를 깊이 따랐던 증인, 손양원 목사의 사랑과 순교를 찬미한 <영원한 등대> 1, 2연이다. 그는 여수·순천 사건 때 두 아들을 죽인 원수를 오히려 양아들로 삼고, 끓어오르는 슬픔과 고통을 '핏빛 기도'로 승화시킨 인물이다. 일제의 신사참배를 거부하며 옥고를 치렀고, 끝내는 전쟁 속에서도 신앙을 지키다 순교했다. 시는 이러한 절륜한 사랑과 믿음을 통해, 우리가 본받아야 할 신앙의 모범을 제시하고 있다. 우리나라는 참으로 이런 위대한 순교자를 품은 백성이다.

> 평생 그는 가는 곳마다
> 병든 자들의 고름 흐르는 상처를 어루만지며
> 흙냄새 밴 손끝으로
> 메마른 가슴에 온기를 새겨주었다
>
> 지나가는 거지에게
> 손때 묻은 월급 봉투를 내밀고
> 수술실 불빛 아래
> 밤새 두 손 모아
> 환자의 숨결을 지켰다

출천出天의 성의, 한국의 슈바이처 장기려 박사의 일생, 그 단면을 보여주는 <동양의 슈바이처> 1, 2연이다. 가엾은 이웃을 위해 재물과 의술을 온전히 바치고 하나님 앞으로 간 무소유의 거룩한 의사 장기려 박사의 삶, 감동적인 인생이다. 근래에 청룡봉사상에 빛나는 윤주홍 박사장로의 헌신도 기억해야 할 미담이다.

> 얼굴은 일그러지고, 눈썹 자리에는 머리카락을 심고
> 다른 피부로 눈꺼풀과 입술을 만들고
> 오른쪽 눈은 의안을 심었다

일명 '이티 할아버지' 채규철 선생의 외모를 묘사한, <이티 할아버지> 2연이다. 자동차 사고 화재로 처참한 '몰골'이 된 그는 하나님이 주신 소명을 깨닫고 실천했다. 간질 환자 돕기 장미회, 한센병 환자들 소록도 봉사대, 사랑의 장기기증운동본부 등을 이끌며 이웃의 고통과 함께했으며, 두밀리자연학교를 세워 어린이 교육에 헌신했다. 참된 섬김의 삶을 살았다.

시의 화자는 결국 진실한 사랑의 실천을 바라는 내면의 목소리에 이른다.

>사랑이라는 말이
>온갖 반짝이는 옷을 입고
>화면 속에서 춤추지만
>거리 끝 어두운 창가에선
>텅 빈 눈망울이 하루를 견딘다
>
>우리가 따뜻한 국 한 그릇을 건네고
>마른 손을 부드럽게 잡아주며
>외로운 이의 이야기를 들어줄 때,
>사랑은 조용히 뿌리내리고
>누군가의 불씨가 되리라

<불씨를 지키는 사랑> 1연과 5연은 겉으로 화려하게 포장된 사랑의 허위를 폭로하며, 진정한 사랑의 실천을 촉구하는 시인의 내면 고백을 담고 있다. 눈부신 수사로 포장된 사랑이 화면 속에서 춤추는 동안, 현실의 거리 끝 창가에선 무표정한 눈빛이 하루를 버티고 있다. 이러한 현실 인식은 사랑을 말이 아니라 삶으로 실천해야 함을 강조한다. 따뜻한 국 한 그릇, 마른 손을 잡아주는 행동, 이야기를 들어주는 마음에서 사랑은 비로소 조용히 뿌리내린다. 시인은 이러한 사랑이 누군가의 생명을 살릴 불씨가 되기를 바라며, 거짓 사랑이 아닌 참사랑의 길로 나아가려는 간절한 바람을 시에 녹여낸다. 이는 김완수 시인의 시 세계가 지닌 진정성과 영성의 깊이를 잘 보여준다.

>끝없는 꿈을 품은
>생명의 창고

> 나의 과거와 현재의 흔적들에
> 묶이지 않게 하시고
> 그가 나에게 심어놓은
> 새 생명의 첫걸음을 믿으며
> 날마다, 봄의 첫 바람처럼
> 새싹에 따스한 숨결을 불어 넣게 하소서

<씨앗> 1, 5연이다. '무한한 잠재력으로 가득한 생명의 창고'로 뜻매김 되는 시인의 '가능성 충만한 자아'가 땅 위의 모든 사람, 형제자매의 자아로 확산되는 장면이다. 이 시는 사람에 대한 믿음과 희망, 사랑이라는 세 덕목이 씨앗처럼 심겨 있는 시이다.

3. 맺는말

시의 윤리적 자아의 어조는 대체로 준엄하다. 그가 예언자적 지성의 목소리를 띨 때 시의 화자는 비분, 탄식, 분노, 질타, 책망, 예언의 어조를 띤다.

김완수 시인은 시집 『눈물의 느낌표』에서 히브리 구약 시대의 선지자 이사야와 다니엘, 예언자 예레미야의 격앙된 윤리적 자아의 계보를 이었다. 국내적으로는 사육신, 조식, 정약용과 함석헌, 유치환, 박두진, 구상의 윤리적 자아에 접맥되는 특유의 시인이다.

김완수 시인의 시는 예언적 통찰과 도덕적 양심이 어우러진 독특한 시적 화법을 드러낸다. 그의 화자는 영탄과 은유와 상징을 활용한 간청과 호소의 어조로 시대의 아픔을 말하며, 감동과 설득의 언어로 시적 메시지를 전달한다.

시인의 예언자적 목소리는 현대 사회 언어도단의 부조리를 엄

중히 꾸짖는다. 그는 아프리카와 북한을 비롯한 세계 각지의 빈곤과 전쟁, 특히 러시아·우크라이나 및 하마스·이스라엘 전쟁의 참상에 깊은 분노를 표출한다. 근대 이후 인본주의 문명이 초래한 환경오염과 현란한 디지털 문명이 만들어낸 인간 공해, 욕망의 허기에 광분하는 인류의 맹목 또한 그의 비판 대상이다. 학교 폭력으로 무너지는 윤리의 보루, 지식을 우상화하는 인류의 교만, 사랑을 배반하는 일부 고등 종교인의 죄악까지, 이 모든 부조리에 대해 시인은 준열한 목소리로 경고를 보낸다. 그의 시는 윤리적 자각과 시적 언어의 긴장이 빚어낸 통찰의 산물이자, 예언자적 목소리와 탁월한 시적 형상화가 절묘하게 조화된 독창적 시 세계를 구축한다.

마침내 시의 화자는 타락한 인류에게 윤리와 구원의 길을 제시한다. 분리·분열·증오의 길이 아닌, '만남'을 위한 사랑의 길로 이끈다. 사랑의 순교자 손양원 목사, 거룩한 의사 장기려 박사, 역설적 사회 운동가 채규철 선생의 사랑을 본 보인다. 그리고 시의 자아는 잠재력 충만한 '씨앗'을 내보이며 절절한 기도의 화자가 된다.

분리와 증오와 투쟁의 비극을 이기는 길의 선택을, 시인은 '사랑의 절절한 기도'로써 일깨운다. 시대를 깨우는 윤리적 목소리의 귀결이다. 김완수 시인은 21세기 한국 시단에서 예언자적 시 정신을 이끄는 대표적인 목소리다.

Exclamation Mark of Tears

Wansoo Kim

Preface

Watching the news on TV these days fills me with dread. Scenes of horrific destruction in war-torn countries, extreme weather events such as heavy snow, heatwaves, and devastating floods caused by climate change, and frequent reports of heinous crimes fill the broadcasts.

Many people, while watching such news, feel anxiety and fear, yet remain indifferent and disengaged, absorbed in their own lives as passive bystanders. Some politicians tend to be more concerned with their own fame and political gains than with sincerely dedicating themselves to solving these pressing issues.

I wrote this collection of poems to reflect on these global crises and to urge people around the world to join in reflection and action, using the image of tears, rich in symbolic meaning.

To effectively achieve this purpose, I plan to publish translated editions in English, French, Spanish, and other languages across various countries.

For a peaceful, beautiful, and happy Earth, I hope that people everywhere will come together in prayer and cooperation.

June 1, 2025   Wansoo Kim

Part I • Poverty, War and the Times

For Whom Does the Bell Ring?

For over a year, day and night,
Bombs have rained down like seeds of death
Across the skies of Russia and Ukraine.

Among the rubble of collapsed apartments,
The staggering footsteps of refugees down the desolate roads.
In the ruins of a hospital, bloodied scalpels lie still,
A white coat sowing cries into the empty air.

In the hushed classrooms of gutted schools,
Tiny shoulders of children whose eyes have lost their light.
The war's swelling clouds grow darker by the day,
Spreading beyond Europe, blanketing the world.

Where life splinters beneath the roar of missiles,
Trembling breaths of the bleeding citizens rise skyward.
No longer fragrant petals—only limp, silent flowers.

I do not know for whom the bell tolls—
But the bells of war tear through all our hearts.

The Silent Gods

At dawn on the Sabbath, thousands of shells
Tear through the quiet night sky,
Thunderous red rain falls down on Israel's land,
An old Israeli man opens his Bible and weeps.

Storm clouds carrying tempests gather
Over a land engulfed in wrath.
Like flocks of migratory birds, bombers swoop,
Missiles plunge toward Palestine like meteors,
And Israel's boiling blood turns into blazing flames,
Swallowing the ancient land.
A Palestinian girl stands dazed before her shattered home.

Flames devour the desert, buildings collapse,
Instead of angelic trumpets, cries fill the air.
Fragile lives wither like flower petals,
The names of gods scatter as black ash,
The sky is stained crimson, the earth turns to hell.

Palestine cries out to Allah, Israel to Yahweh,
But only dry prayers flow from their empty lips.
The Bible and the Quran are stained with blood,
Where love once grew, hatred sprouts like poison weeds.

Before the human dance of swords,
High in the heavens, two gods silently close their eyes.
Do they not listen to the pain of mankind?
Or have humans themselves left the embrace of the gods?

Let Us Become Embers

In the bloody war between Israel and Hamas,
Hostages are caught in hidden snares,
Like birds with broken wings,
Amid gunfire and explosions,
Their hearts tighten, wrapped in darkness.

The groans of hostages cover the earth,
And even the sky sobs, soaked in silent weeping.
In the darkness of suffocating explosions,
How long must the crushed blades of trembling souls
Be trampled underfoot?

In the deep shadow, cries echo,
Spreading across the world, brushing past our ears.
With what radiant light and seething heart
Can we break the endless chains of darkness?

How much longer trapped in the muddy mire of numbers,
Gazing at the sky with cold eyes?
In the silent night, a scream that shreds the ears
Spreads across the sky bruised with blood.

Let us engrave in our hearts
That every flower blooming on this earth
Holds the breath of life we should protect.
And grant that we may become
Embers burning together in the darkness.

Poets, Let Us Rise Together

Poets,

Let us now raise a flag with the language of peace.

Though we cannot silence the gunfire,

We can breathe in warm breaths, gentle winds

Into this land.

Poets,

Let us kindle the fire of love together.

Though we cannot make laws that forbid war,

We can plant warm poems

That spring like hot springs in frozen hearts.

Poets,

Let us lift the lantern of wisdom.

Though we cannot completely hush evil's whisper,

We can send poems to shine the path with a merciful light,

Which will not be swept away

By the flames of revenge.

Poets,

Let us hesitate no longer.

Even now,

Youth fall to bullets,

Refugees wander like stars that have lost their way,

And orphans' tears quietly seep into the ruins.

Now is the time for poetry to speak.

Cry for North Korea 2

A single bloodline, deeply rooted,
The northern land
Has sunk for seventy years in rivers dark and
Beyond closed iron gates,
Longing hands are cut.

In the North,
Hunched backs carry bricks and stones,
Empty bowls grasped by frozen hands
Cast lives onto the Tumen's ice.
In the South, to hide the belly's trace,
Money pours out at pharmacy or hospital doors.
In the same blood's flowing waves,
Can waves be so far apart?

Last summer, the sky wept tears
That flooded even homes away.
Among fallen houses,
Where shadows of death fall hard,
Is there no warm hand to reach?
A heart-wrenching pain wraps all over.

People of the South, shed your tears,
Don't you hear the silent cry
Of starving brothers?
Longing still breathes—
Let us join hands and pray
For children's laughter to bloom
In North and South alike.

Cry for South Korea 2

O land of the North,
Seventy years ago, flames of vengeance rose—
A rain of shells poured down,
Soaking the southern soil in blood.
Is that stain not still spreading beneath your eyelids?

We sent you sacks of rice,
Yet the flame, like a burning tongue, would not die.
Even the green fields of the South—
Must they be buried in ash?
Do their hearts still burn?

Behind the missile's flash and nuclear glare,
You hide your tear-soaked pillow each night.
Before the people you called your foes,
Has your chest not grown heavier?

As the years pass,
The cries of the starving grow deeper still.
Yet your leader—
How long will he shut his eyes
To the hunger masked behind glittering slogans?

O leader of the North,
If your heart still stirs,
Bring forth the dusty smile of childhood
And reveal the soul stained with tears.

Breath Beneath the Silence

Like a bear, China
Claims Taiwan as part of its own flesh,
Growling threats time and again.
But Taiwan, like a rabbit,
Stomps hard upon its own ground,
Eyes wide open,
Refusing to smooth its bristled back.

Watching closely, the U.S.
Sends warships to Taiwan's coast
To block China's ragged breath.
China, with fleets of ships and planes,
Narrows the ocean's fence,
Unleashing threats like crashing waves.

China and the U.S.
Stand with no space between,
Backs arched like drawn bows.
Taiwan, eyes burning red,
Peers beneath China's looming shadow,
Ears pricked
At every word exchanged.

The night sky is filled with glittering stars,
The sea remains tranquil through the night,
Yet like waves concealed beneath the calm,
Taiwan stays awake all night, preparing for the storm.

Earthquake in Afghanistan

In a single moment
An entire village turned into a graveyard—
In that hellish place,
Those clinging to life
Cry out in cracked voices
From the darkness between collapsed walls.

The whole world,
With eyes caught by the flames
Of Israel and Palestine,
Shuts its eyes and ears
To Afghanistan's fallen mounds of earth.

Pale faces,
Flinch at even the touch of wind on their skin.
In the unlit dark, with open eyes,
They embrace the night.
Though their chests curl inward,
No more tears will come.

Stars scattered in the sky
Quietly scan the ashes below,
Blinking with breath-like light,
Whispering that the fragile breath
May bloom again from broken hearts.

Beyond Broken Promises

Whenever I think of you,
A black hook sinks deep in my chest.
Ash-gray waves rush in,
And I wanted to exhale a deeply bitter wind,
Carried by ragged breaths.

Even in the shadow of a crumpled life,
Intoxicated by your sweet whisper,
I floated upon silky waves
And soaked into a field of dazzling poisonous flowers.

Your shining touch—
Like a magical spell, I held tight.
I, who wanted to easily tear down
The towering wall,
Was a foolish dreamer.

Now, I will open my eyes,
Face the hidden light,
And with tender eyes bearing wounds,
I will find my way.

No longer leaning on faded letters,
Following the compass of my heart,
I will walk toward the path that wipes away tears.
A single spark alive in my chest will breathe.

The River of Waiting

Even when I'm irritated or weary,
I will lay down the sharp stones aimed at you
And hide the fire-lit or ice-cold glint in my eyes.

Even beneath the dust of all the passing time,
I won't turn away or give you my back—
I'll quietly wait like a mother by the window.

Even when you stir up clouds of dust,
I'll soothe your back instead of striking with thorns,
Believing your roots still breathe below.

So that petal-like smiles may bloom on every face,
I'll listen to the echoes of mingled voices in the square,
And when you knock on hardened walls,
I'll walk with you until warm sweat beads on your brow.

In the tangle of clashing cries,
I'll light a small candle to guard the breath of truth,
And sing a song that binds neighbors,
Shoulder to shoulder, into one,
And pray like a river that never ceases to flow.

A Prayer for Leaders

O Heaven above,
Those who once plowed the fields of the lowly
And shed honest sweat,
Now plant their flags on the people's tears
And sit atop the peak of power.

Ah, if even a faint flame
Still burns within their hearts,
Recalling the scent of sweat
That once drenched their backs,
Let them gently take those frozen hands
In the alleys where sunlight never reaches.

In the heavy fog scattered by hollow words,
Let the night of those who sobbed pass away,
And let a dawn come
When warm sunlight spreads across every yard.

Let the embers within their hearts never fade.
Let them bow their heads as if kneeling in grass,
Listening to the voices of parched lips,
Placing their hands on torn skin, and weeping together.

O Heaven above,
Let those who lead this land become your wind,
Sowing warm seeds into the barren earth,
And tending green fields
Where children's songs fill every alley.

Part 2 • Environment Pollution

Sadness of the Moon

A woman draped
In a silver wave-like robe,
Silently gliding through the darkness.

Does she wander this land,
With her deep eyes
Searching for a love long lost?

Above the coldly glimmering signs
And the dazzling city lights,

On the tear-streaked face
Of the woman bereft of her light,
A gentle sob lingers,
And the wind, with a heart-wrenching sorrow,
Calls out her name.

Yet the woman,
In the deep blue darkness,
Embraces this world once more
With the light of her wistful longing.

Tears of the Sea

The sea sobs.
Black oil and decayed wastewater
Choke birds with stilled wings,
And fish that have lost their breath.
Swarming piles of garbage
Trample the sea's naked flesh.

The sea rides on rough waves,
And in the suffocating stench,
It cries out like a dying breath—
"Black water scales are spreading all over my body,
My once-blue breath has grown thin, about to break."

Humans pass the sea like the wind,
But the sea never stops its tears,
Sending letters written in white foam
To the shoreline every single day.

"If I stop breathing,
Your dreams too
Will scatter like broken seashells.
Only when fish dance in my arms
Will your future breathe again."

Sea Monsters

Brilliant monsters
Swarm in groups,
Capsize fishing boats,
Or overrun fish farms.

When the typhoon rages,
Colossal beings surge like mountains,
Blanketing the sea.

Fishermen, with sighs filled with despair,
Dig into its belly,
Shedding tears of anger.

Most of the colorful monsters
Are hems of garments that dance upon the waves,
Like altars cloaked in shining shells,

The women who drift on the tides of passing trends
May never know
Their clothes trample fishermen's lives
And the breath of the sea.

Within the garments they wear
Hides microplastic, quiet as breath,
Lingering for generations—
A hidden seed of death.

Fukushima's Contaminated Water

Fukushima, the sea bearing deep wounds
Inside the silent heart of the nuclear plant,
Invisible seeds flow out,
Riding the lifeline of our blue planet,
And seep even into children's dreams.

Among the words spilled from entangled lips,
Shattered fragments scatter in the waves,
Wandering through twisted alleys,
Empty eyes sway with murky currents.

The fishermen's eyes are wet with salty tears,
And the cries spreading to the sky echo unanswered.
Oars misaligned by divided winds now rest still,
Beneath the rotting nets,
The sea sways like a ship that has lost its way.

From the wellspring deep in pain's core,
Masked currents flow,
Black waves smother the breath of the sea.
Layers of darkness,
Hoping to scatter on the breeze,
With eyes shut, the sea quietly holds its breath.

Intruder in the wind

The bomber of the wind
Frequently crosses the Chinese border
And showers fine dust, dressed in bacteria or viruses,
Like tear gas
Across the Korean Peninsula.

The invader hidden behind each breath
Seeps into every shadow on the street,
Covering both young breaths and aged pulses alike,
Secretly embracing the lungs,
Penetrating deep into the veins.

The dust flowing along the veins
Moves far inside the body,
Scattering invisible seeds of disease.

Even when we try to shield our breath,
The hidden dust grows more fierce,
Burrowing into the deepest nest of life within.
It seems small and fragile,
But its whisper spreads like a poison that gnaws at the bone.

How can we get rid of that dark shadow of his?
We cry out to the heavens but the air scatters only excuses.
Gasping for breath,
We search for faint answers like ashes drifting into the wind.
When will the sky's clear light descend into our hearts?

A Song Dedicated to the Spring Wind

Blow, O spring wind,
I long for your mysterious breath of love
That brings buds and blossoms
To the dry branches.

Beneath the black shadow bearing death,
Come into the veins of my shrunken heart,
Melt away the remnants hidden deep in the darkness,
And unfold the buds and blossoms of hopeful dreams.

Blow, O spring wind,
Please seize the dark shadow of COVID
And hurl it
Beyond the edge of the sky.

With unmasked faces,
Hand in hand with friends,
We want to walk along your fragrant flower path,
And let a spring of laughter fully blossom,
Sharing the memories of the COVID war
Like fairy tales.

Inverted Seasons

On a late autumn morning,
As I walk through the park,
A red rose, out of season,
Greets me with a smile.

In the Piedmont region of Italy,
Summer showers fall,
Suddenly turning into a heavy snowfall.

As days go by,
The seasons rage like beasts unbridled,
Firing lightning without warning,
Unleashing blizzards that howl
Their lament.

But humans,
Turn away from glaciers melting in pain,
Piling trash beneath the lights,
Waving gray flags high,
Setting black flowers afloat on the waves.

The clock of disaster in the sky
Looks at the earth with pitying eyes,
Its hands flow like sand toward the end.
Is there still a faint ray of light?
Listen closely to the whispering wind.

In the Maze of Fog

In the sea of pouring information,
Truth drifts in silence like a lonely island.
Falsehoods and deepfakes, like full-bloomed flowers,
Dance like vipers draped in silk patterns.
We, searching for hidden light,
Drift through the fog like a ship without a compass.

In the storm of provocative videos and thumbnails,
We chase shadows in the mirror
And shatter our lives into the eyes of others.
Within the vast maze woven by algorithms,
No one dares to open the silent eyes of conscience.

A phone rings, then a strange chord spreads,
And a honey-coated trap slowly approaches.
A whirlwind of desire surges in an instant,
But a blade-like will severs its tether.

In the darkness where truth and illusion intertwine,
Countless people chase after sparkling bubbles
And surrender themselves to dreams vanishing like air.

The path we turned away from is brushed by dry winds,
Yet at its end, the breeze reveals a quiet face,
Blooming like a clear breath
From between mossy stones in the forest's deep heart.
We pass through a road where ghostly scents scatter,
Gently following the breath of starlight.

The Digital Sea

Digital fragments
Floating on the waves of the internet

Amid the stench of rotting trash,
The seawater grows more foul day by day.

Gales, thick with deceitful dust,
Churn the sea without rest,
And even the roots of once-green trees are shaken.

As trash mountains rise up
In the digital sea,
Flowers of temptation bloom
Like colorful poisonous mushrooms.

Those entranced by the alluring fragrance of flowers
Find their gaze dimming
And their words vanish like the wind
Without even realizing.

Masks of Lies

The words flowing from their mouths
Are sweet like lollipops,
But foxes harboring poison laugh,
Disguised in sheep's wool.

Into the hearts of children flying blue kites
Falls betrayal, cold as rain.

Lonely shadows wearing golden crowns before mirrors
Smile into the void.

With the sunbeam smile
Of a baby's face filled with the scent of milk,
Clear away the fog of hypocrisy tangled like a spiderweb.

With the hot tears
Flowing down calloused hands,
Open the heart's door, sealed like a rusted lock.

Plant a tree of justice bearing time's rings
Instead of concrete walls,
And with the unemployed man
Sitting in front of the corner store at the alley's end,
The old man with silver hair fluttering,
And the child in a wheelchair,
Tend the wildflower-covered hill,
With thick drops of sweat.

Part 3 • Confusion of Values

Light Blooming in the Darkness

In the spotlight, a golden ring hung around the neck,
A splendid flag raised at the edge of a cliff,
Cheers soar high, like the wind.

Breath held, I ran a long, weary road,
The heart pounded like a drum,
But an empty chair quietly weighed on the soul.

Some pave the path with sweat and tears,
While others set themselves ablaze,
Burying a star of hope within the darkness of the world.

Like a shadow creeping into light,
Beneath the dazzling facade,
In search of the hidden light, we wander.

Like a flower that blooms after a harsh winter,
Like a star that shines in the darkness,
To kindle a single spark within us—
That warmth is the gentle flame
That blooms in the silence.

Master of Life

Today again, following the current of time,
The boat of life
Sails upon storm-tossed seas of the world.

At times, chasing a yearning that blazes like fire,
At times, pursuing dreams warm as sunlight,
At times, in a stillness veiled in fog,
One rows with trembling hands, burdened and slow.

Like a jar always thirsty,
The drops that overflow from another's cup
Stir ripples of envy within the heart.

When a sudden whirlwind strikes
And shadows like black beasts stain the soul,
A single starlight deep within me whispers:

"Like the deep and silent night sky,
Embrace stillness even in the midst of chaos.
That light shining through your darkness
Is an invisible thread binding us together.

Follow that light—
Raise the sail of hope upon gentle waves,
And open your own course.

The starlight will embrace your weary boat
And guide you, like a compass, to a harbor of rest."

Lightless Eyes

Parent 1: I am a lawyer. You must guide the students properly.
If any unjust incident occurs, I will sue you.

Parent 2: How do you care for kids?
Do you treat my child like a mentally ill patient?
Do you know how much my child is struggling?

A Teacher's Diary: Phone calls and texts from parents
Constrict my throat each day.
Every night, their echoing voices pierce my heart with needles.
My pillow is soaked in endless tears,
And I sink deeper into the dark.
Life feels unbearable;
I want to break free from days bound by iron chains.

A student: Lately, the teacher often seems sad.
The teacher's eyes look like a light-lost moon.

Citizen 1: These days, some parents
Have eyes without a compass.
Do they see teachers as just disposable objects?
The once proud nation
Now remains a sentence buried in dusty bookmarks.

Citizen 2: The government must speak:
Children's dreams bloom in a teacher's gaze,
And when cold stares turn into warm breaths,
Laughter will once again bloom in every classroom.

The Shadow That Crept into the Classroom

Darkness seeps into a sunlit classroom.
The devil's hand dances across the keyboard,
Crushing pure, innocent hearts.

Children bruised deep within
By silent pain or nameless fear
Sob beneath their blankets, haunted by nightly nightmares.

Famous sports stars or trot singers
Falter at the shadow of a memory from their youth.
Their once dazzling fame
Falls like a shooting star and disappears into darkness.

The famous politician who stood atop the tower
Wavers from a single spark of buried childhood violence,
Bricks piled high crumble into ash,
And dazzling light vanishes into thin smoke.

The violence of school days
Is a tear-stained scar
Carved deep into the tree of memory.

When a single delicate thread mends a wound,
And a small light begins to glow,
Spring returns
In the eyes of the children.

Trees of the Soul

Like a red flower blooming in the family garden,
As gripping pain and cold sweat spread across the chest,
When the cry of new life bursts forth,
Joy and tears bloom together.

These days, many hesitate to embrace a fragile breath.
In empty wallets and the weight of heavy sighs,
Under icy stares at the workplace,
And crushed by a baby crying every night,
They feel a new beginning like a shadow cast on their backs.

Yet in the eyes of a grandchild with an angelic smile,
Sunlight that brightens the world shines through.
Even at the end of a weary, difficult day,
That gaze alone melts the heart.

A tree standing in the storm
Must endure both wounds and pain to grow.
Without the nourishment of sweat and tears,
Flowers and fruit cannot be colored with joy.

Childbirth is a journey of rowing endlessly over waves,
Cradling a gift from heaven
Planted in the soil.
A tiny seed becomes a forest,
And within it, we become trees of the soul,
Embracing one another, breathing as one.

Christmas Eve 2

Beneath the glittering tree,
Puppets dressed in red
Shake their bells, eyes fixed on wallets.

Under the neon light,
Motels with crimson lips open
Swallow wandering youth.

At a subway station swept by cold wind,
Passersby's hurried steps and Salvation Army bells
Sidestep the beggar's empty hands.

In the tavern,
Amid the clinking of drunken glasses,
A photo of Jesus lies face down beneath an empty glass.

In the back alley club,
Men and women, intoxicated by the lights and music,
Surrender their bodies to the beat,
Their eyes submerged in the haze of alcohol.

Heavy snow falls from the frozen sky,
Covering tear stains
On the street corner in white.

In churches, warm carols echo—
A single beam of light in the dark.

Rest in Peace

When someone passes,
Many offer a warm smile.

Countless whispers
Rise as a gentle breeze
Toward the sky where a star has just set.

People tighten their black collars
With tear-filled eyes,
Embracing grief like the bark of an old tree.

"By now, they must have stepped
Into a land where flowers bloom beyond."

The words flowing from honeyed lips—
Can they knock, ever so softly,
On heaven's distant window between the stars?

Soft comfort melts into the air,
Too light to shake the night sky—
Only heavy silence returns.

As time layers over a handful of earth,
Tears seep into the ground,
And waiting for the day we meet again,
They hold the departed's smile in their hearts.

A Puppy and A Beggar

A young woman walking with her puppy
Sends a loving smile
To the puppy with sparkling eyes,
And gently feeds it frequently.

Nearby,
A beggar with tangled hair and a worn-out coat,
And lets his gaze quietly rest on the dog,
Wrapping his arms around his hungry belly.

Passing the beggar with swift steps
As if they had seen a worm,
People offer a bright smile
To the dog.

To the people with cheerful eyes
The dog had been wagging its tail,
But it flinches, turns to the beggar,
And barks at him.

The beggar, who had gazed warmly at the dog,
Feels frozen stares brush his nape like a cold wind,
Swallows something burning inside,
And lowers his head to the ground.

A Dialogue Between a Mother and Daughter

I water the dream trees of my husband and children
With the waters of love and prayer,
Gazing at their blossoms and fruit,
Savoring the sweetness in my heart—
These are life's most radiant moments.
So why won't you marry?

In a world of wind and rain,
Even tending my own dream tree wears me out.
To be caught in the harness of marriage,
Forsaking my dreams,
Just to water his and the children's
With tears? I can't do that.

Walking alone may be free and unburdened at times,
But it can be lonely and difficult
To climb that mountain alone.
Wouldn't it be better to climb it with a partner
Looking up at the same star,
Hand in hand, encouraging each other with love?

Please don't hurry.
I will draw more water from the well of my heart.

The Tragedy of Power

To many politicians,
Power gleams like a beckoning crown,
Sparkling under dazzling spotlights.

To seize it,
They shatter the net of law and the mirror of morality,
Summoning black winds in their wake,
And at times, end up behind iron bars.

Yet just once
They sink their teeth into that sweet fruit,
Bound by invisible chains,
Wandering endlessly through a muddy maze.

Even as mocking winds strike their torn faces,
The electric taste still clings to their tongues,
And they pursue its scent to their final breath.

But beneath a night sky heavy with storm clouds,
Someone plants a handful of embers,
Stepping away from the swirling crimson blaze,
Raising a flag high at the edge of the cliff,
Walking toward the path of light.

Invisible Prison

After Adam and Eve
Tasted the forbidden fruit,
Their hearts, once like clear stream water, grew murky,
And calculator lights flashed in their eyes.

When asked why they ate the fruit,
They did not bow their heads,
But strung together
Words like seashells.

Beyond the screen, countless windows
Wear golden masks and issue commands.

Many are caught
In a shimmering tangle of threads.
With their guiding star lost,
They flounder among numbers,
Wings that once dreamed of the blue sky
Now fold against invisible walls.

Flowers Blooming Through Sharing

Many people
Turn their thoughts and steps
Toward the golden fruit before their eyes.

But blessings,
The more you reach for them,
Scatter like mist over water.

The sky first
Pours out light and rain,
Smiling at the flowers in silence.

In every cloudy pause of daily life,
Like sunlight pouring through the window,
Offer the warmth that seeps into you—
With a quiet gift from dawn.

Rather than striving to clutch,
On the emptied palm
The world lays fragrant flowers
And ripening fruit.

Blessings become dawn mist,
Brushing near like a breath,
Spreading songs resting on the leaves,
And letting green life
Sprout through barren cracks.

Part 4 • God and Humans

The Queer Festival in Korea

In the square where the parade's waves ripple
Upon the tides of music,
Long-held silence, hidden beneath radiant masks
And garments of vibrant hues, bursts forth as dance.
On bright streets drenched in countless gazes,
They sketch the sky with the movements of freedom.

A weeping young man, calling out the unspoken name,
Men embracing, women kissing—
Hold passersby in silent awe.

Teenagers, caught between strange excitement and fear,
Gleam with curious eyes.
Middle-aged swallow uneasy breaths, turning away.
While some citizens join the dance,
Raising voices of concern.

In the plaza mixed with cheers and sighs, laughter and tears,
Everyone's heart is touched by fleeting glances.

Beneath the rainbow-colored flag,
Tears of light and shadow flow over dancing souls.
Rain falls from the sky like a heartfelt prayer,
Soaking the parched, cracked earth as if by healing hands,
And it sprouts new shoots.

The Fruit of the Knowledge of Good and Evil

On that day filled with sweet fragrance of the forbidden fruit,
Adam blamed Eve, and Eve blamed the serpent
For eating its fruit.

On the day children fail the test,
They blame their parents,
And parents blame their ancestors,
For their poor performance in studies,

On the day workers were kicked out of their job,
They blame employers,
And the people blame the government.

Today, many people believe
That Adam and Eve ate the fruit
Because God created the tree of knowledge.

To those who love to blame others,
There is one who strokes their backs with rough hands,
Lighting a candle by the window—
That love embraces every breath and waits.

Facing a stranger's eyes in the mirror,
Like pulling out thorns buried deep in the flesh,
The barefoot path wet with dust and dirt
Will become the rain that wakes sleeping flowers.

The Tower of Babel

Like those who once built the Tower of Babel long ago,
People today build their own towers of glass.

Deep within their hearts,
Golden flames rise,
And the flag of honor stirs the wind.
They struggle without rest, shedding blood and sweat,
To engrave their names
Like the brightest star in the night sky.

They treat the breath of unreachable heights
As cold starlight,
Without even a glance,
Letting its unknown movement
Drift past like the strange, distant sound of the wind.

Some, as their towers grow taller,
Seek to rise above many shadows;
Others dream of becoming the heart of the world,
To shake the lifeblood of all living things.

Beneath the starlight, atop the tower they built,
A sob seeps through the fractured seams
And quietly disperses into the night sky.
Yet they still cover their ears to the murmuring,
Insisting on their own path, walking on alone.

Stars in the Darkness

Are Black people
Stars born in the midnight wilderness?
Fragments of light
That never fade in the dark?
Or are they beings trapped in shadows,
Struck by God's arrows of wrath?

Their light is not a curse—
It is another sun awakening the world.

Just as each petal holds its own color,
Just as forest creatures sing with their own cries,
Stories lived along the grain of time
Like patterns woven by countless hands,
Bloom diverse scents and light,
Coloring the world more deeply and richly.

Do not weigh
Someone's breath
By the color of their shell.

Every color
Is a hidden treasure of the rainbow,
Blooming from the deep cracks of darkness.
Raindrops and sunlight meet,
A mysterious bridge hung across the sky—
Its light is a song of hope
Settling on the wounds of the world.

Light Falling on Wounds

The whole earth
Is crying out
With the pus of its split wounds.

Minarets of Islam and crosses of churches,
Black skin and blue eyes,
Sparks in seething hearts
Of those who raise different flags
Are spreading like lightning across the earth.

Amid burning words and sharp gazes,
The weary hold their collapsing knees
And gaze at a sky that offers no reply.

To give them a light that never fades
And a dawn that will surely come,
The one who endured spittle and stones
Whispers:

"Daily awaken the seeds of love
That sleep deep within your hearts.
Like spring rain nurturing life in barren soil,
As you look into each other's eyes and join hands
Embracing the scars of pain with a warm smile,
The forests of this land will gradually grow lush."

The Choice of Paths

Many people
Flock like migratory birds
To the road glittering with golden shells,
That looks so convincing to the eye.

But those who fail to catch them
Collapse with suffocating hearts and misted eyes,
Recalling the countless paths they once ignored
And the time they lost,
Letting out dry sighs.

The breath of ancient wisdom whispers:
Pass beyond the dazzling trap like glass beads,
And listen closely to the breath of the forest path
Where shards of sunlight pour down.
That path offers, instead of sparkling stones,
The chirping of birds
And the song of the wind.
There, lost souls
Will find a tiny starlight.

Even if life's steps bend
And thorny bushes tangle your way,
Follow the hidden ember burning inside your heart.
At the end of that path, beyond the dense shadows,
New wings will sprout, and a bright world will unfold.
When trapped and wandering in darkness,
An echo rising from the depths will light a single path.

A Song Heard in the Darkness

The 21st century, a civilization of iron and fire,
Sways like a murky fog as in primordial darkness.

On every brow of the Earth,
Volcanoes of war erupt with fire,
Rivers overflow, swallowing fields whole,
The parched land weeps with cracked lips,
Unseen shadows
Spread through the breath of cities.

Days gripped by fear,
Like sharp gears of unrest,
Turn endlessly on this earth—
How can we bear fruit
And sing our songs?
Who will pierce this darkness
And call forth the dawn?

From the silence of the beginning,
A breath that called the first light is heard:
"I dwell in every step you take,
Watching always with wakeful eyes.
Do not weep for the darkness yet to come;
Wounds will bloom into flowers someday."

Even at midnight, the stars remain awake,
And a single seed fallen from a cliff
Becomes a forest, breathing life.

The Eternal Lighthouse

He embraced the enemy who killed his two sons,
At times swallowing the rising tears,
At times, when children's laughter brushed by in the wind,
Clutching his heart, crossing nights of wailing,
He let blood-red prayers seep into the calluses of a new son.

Turning his back on the altar of Japanese rule,
Though imprisoned behind iron bars in the dark,
A single teardrop that fell to the ground
Shone all the brighter like starlight in the night.

"O fierce wind that strikes me,
Try to break me with your blade of cold,
From the crimson blood stained on the blade's tip,
You will witness the miracle of sacred love."

Until the last day his breath faded away,
He blew warmth into the wounds of the hungry,
Lived without extinguishing the flame through the dark dawns,
And became a light that never dies in raging waves.
Even now, it lights up the night of this land.

*This poem is inspired by the true story of pastor Sohn Yang-won, who forgave the man who murdered his two sons and adopted him as his own. He was imprisoned for refusing to bow to Japanese shrines during the occupation and was later martyred during the Korean War, choosing to remain with the patients he served.

Albert Schweitzer of the East

Wherever he went throughout his life,
He touched the oozing wounds of the sick,
With fingertips steeped in the scent of earth,
He etched warmth into their barren hearts.

To a passing beggar,
He offered his pay envelope, worn with use,
And under the lights of the operating room,
He stayed up all night, hands clasped,
Guarding a patient's breath.

During the Korean War, he fled south,
Yet could never let go of his wife left behind in the North.
He lived alone his whole life,
Often casting tearful eyes toward the northern sky.

He wore his medical gown until it frayed,
While two suits in the closet slept beneath layers of dust.
They once called him a fool,
But one day, before his empty chair in a desolate room,
They bowed their heads with folded hands.

---

* Dr. Kiryeo Jang was a respected Christian physician, the founder of Busan Gospel Hospital, and the creator of the Blue Cross Medical Insurance Association. He is renowned for his life of humble poverty and service and is known by nicknames such as "the foolish doctor," "Korea's Schweitzer," and "the little Jesus."

The ET-like Grandpa

In his youth, in a car accident,
His whole body caught fire,
Thirty times he crossed the blade's precipice,
With hot, flowing tears of prayer,
Reborn with the face of an alien.

His face disfigured, hair planted for eyebrows,
Eyelids and lips made from different skin,
And a prosthetic eye implanted in his right eye.

He ultimately shook off the abyss of despair,
Cradling one ember in his heart, keeping it from dying,
Even in the pitch-black, he held stars in his eyes.
Passing barefoot through cold stares and thorny paths,
He held children's hands and built classrooms,
On poster-filled streets, he burned his voice.

His flame-like life, burning through his whole body,
Even at the tip of a crayon in a small hand,
Even in deep night's soliloquies,
It ignites the fire
That says one can live.

---

* Mr. Gyucheol Chae engaged in various social activities through the Rose Association assisting epilepsy patients and the Sorok Island Volunteer Corps aiding Hansen's disease patients. And Additionally he founded the Dumilli Nature School for children's education.

Love That Keeps the Ember Alive

The word love
Wears all kinds of shining clothes
And dances on the screen,
But by a dark window at the street's end,
Empty eyes endure the day.

On the land of Africa,
Children clutching their bellies cry,
And under the skies of Israel and Palestine,
Red smoke and gunfire
Drive people into darkness.

Is love sitting beside the sick,
A hand wiping sweat from their brow?
Or a heart that quietly,
Without words, soaks in their tears?

Beside the lost,
Lighting a small lamp,
In the trembling glow,
Feeling out the path of hope,
And standing against the cold wind—

When we hand over a warm bowl of soup,
Gently hold a dry hand,
Listen to the lonely one's story,
Love quietly takes root
And will become someone's ember.

A Seed

A storehouse of life
Filled with endless dreams.

Inside the hard shell,
A blueprint for a forest lies hidden.
It prepares for the season planted by the sky—
Who could ever guess?

A seed waits for years in the dark soil,
But with the blessing of sunlight and rain,
It struggles to take root
In the narrow crevices of rocks,
And then, it emerges into the world, lifting its head.

How did the Designer of all things
Place hidden light
In the deep darkness of a tiny seed
And breathe into it a life as strong as steel?

Do not let me be bound
By the traces of my past and present.
Let me trust the first step
Of the new life He has planted in me,
And each day, like spring's first breeze,
Breathe a warm breath into the tender sprout.

A Cry for the Earth

Oh, Keeper of the Stars,
In Ukraine and Palestine,
Beneath skies torn by flames,
Echoes of screams seep into the air.

Sipping muddy water in hunger,
The gaze of a parched child in Africa
Shatters the heart like glass.

The ocean, choked by a black breath,
Heaves with the wail of a whale,
And a polar bear with nowhere to go
Sways, clinging to the edge of a drifting ice floe.

Those lost in the fog of greed,
Holding torches of power,
Deafen themselves to the cries of a ruptured earth
And clash blades beneath banners, sharing only spoils.
Thus, humanity hurls itself into the pit of darkness.

Oh, Keeper of the Stars,
Let bloodstained soil breathe once more,
And on this land steeped in despair,
Kindle a single star of hope,
That by its light, we may walk into a world of smiles.

The Angel of Sleep

As the morning sun rises high,
And sends forth radiant beams,
My eyes light up with a smile,
Gently saying farewell
To the fairy of dreams who stayed through the night.

At night, as I lie in bed,
My eyes part ways with light,
Welcoming the wandering dark—
Sleep's angel lands with gentle wings.

This angel softens every muscle,
Like gentle waves it soothes,
Letting peace seep deeply in
To the heart's innermost place,
Melting gently into a land of dreams,
Spreading like a whisper of starlight,
Softly covering the tender, hidden wounds.

Each night, the angel of sleep
Gently touches the hour with the moon's breath,
Restoring body and soul—
A quiet starlight sent from the heart of the universe.

After nights of tossing, eyes wide open,
The moment I meet the fresh morning light,
To the gift softly passed by the dark
I offer a warm breath.

The Meaning of a Fart

It blows a trumpet
Many times a day, in a variety of sounds.

It usually lets out a bold "toot-toot"
Freely when no one is around,
But near a beloved partner
Or in a cautious gathering,
It hesitates to perform willingly.

When both body and mind feel bright and clear,
It bursts out with a lively, joyful "toot-toot",
Drifting away like a clear and gentle breath.

When under heavy stress
Or when the belly is restless,
It plays its instrument more often than usual,
Accompanied by a low "squeak"
And an unpleasant scent.

After intestinal surgery,
With the instrument's first sound,
Life dances beyond the pain
Of the stitched wound.

A warm smile gently spreads across the work of the One
Who gifted us a small instrument,
So we might sense the body's whispers
Through the pitch and smell of sound.

The Water Pouch Inside My Body

A whispering compass, a guide for the water's path,
A tiny pouch hidden beneath the skin,
Always measuring the rise and fall of water.

Each time the water slowly rises,
My swollen lower belly
Sends a signal softly.

Even in the deep valley of sleep,
It works without rest,
Seeping between breaths,
Guarding the slender stream.

Along unseen crevices,
Waves slip between capillaries,
Gathering like dewdrops, then flowing again,
Slowly filling the inside of me.

At night these days, like a faint current,
A slight tremble touches my nerves,
And the sleeping skin awakens.

When a gentle ripple
Lets a flow like spring water leak out,
A single leaf upon the water
Quietly finds its place.

Salivary Gland

When delicious food approaches,
A clear wave fills the mouth,
Sending tiny signals through the body,
Whispering of hunger.

In front of the plate of meat,
A dog drools,
Its paws bouncing with excitement,
Its tail joyfully dancing.

The gentle spring within the mouth
Sends food gliding down like a slide,
Kindles a spark inside the body to awaken vitality,
Pushes back unseen foes,
Lays a dewdrop-like breath upon wounds,
And seeps out quietly whenever it is needed.

A spring gently hidden beneath the tongue's hollow
Is a softly resting smile.
Its warmth glows with radiant light.

As time flows and the wax of years builds,
When dryness settles in the mouth,
A lonely breeze passes through,
And this small gift
Returns like a gentle wave,
Spreading warmth across the cracked tip of the tongue.

A Commentary on the Book

Exclamation Mark of Tears
: Healing of Our Divisions

by Dustin Pickering, a poet and critic in Texas, USA

We are living in contentious times. In such times, the power of poetry to bridge cultures and instill dialogue is without question. Poets don't shy away from politically heated topics. Coleridge believed in pantisocracy, an idea stemming from the French Revolution where "liberty, equality, fraternity" were the ideals. Pantisocracy is a utopian and egalitarian belief in a government by all where duties and resources are mutually shared. Some 20th century poets such as Carl Sandburg were also politically idealistic, viewing socialism as the answer to the human dilemma. Even conservative poets like Eliot saw the fragmentation created by war and impoverished morality in his long poem "The Wasteland." Ideals guide poetry and art, and art reflects the human condition, serving as a mirror back to the individual soul.

Wansoo Kim in Exclamation Mark of Tears reflects the grief and shared pain of the human condition throughout contemporary global unrest and uncertainty. The title itself expresses urgency and pain. In this four-part collection, Kim bandages the wounds of the world inflicted by wars, poverty, climate crises, confusion of values, and catastrophe. Poetry is a medium toward understanding the world and offering reconciliation with it. Shelley wrote, "Poetry lifts the veil from the hidden beauty of the world, and makes familiar objects be as if they were not familiar." His period was also full of unrest as urbanization and rapid industrialization were leaving many without basic human rights. Blake wrote of the problems facing the poor and needy as well in poems such as "The Chimney Sweeper," a poem reflecting not only the pain but the dreams of needy children in 18th-century England.

Kim writes in the Preface, "I wrote this collection of poems to reflect on these global crises and to urge people around the world to join in reflection and action, using the image of tears, rich in symbolic meaning." The purpose of this collection is to encourage "reflection and action" to mitigate the problems the world faces. Kim advises readers to "come together in prayer and cooperation." His eloquent words serve as a medium to encourage readers and uplift through a shared pain.

For instance, he evokes John Donne in the lines, "I do not know for whom the bell tolls— / But the bells of war tear through all our hearts." These two lines remind us of death's anonymity in places torn by war and conflict such as Sudan, Gaza, and Ukraine. While people on both sides of a conflict suffer and countries are ripped asunder spiritually, the bells of war "tear through all our hearts." The fear of conflict divides even those who are spiritually awake, and since both sides hope their sense of justice and outcry will be acknowledged, war inevitably breeds division.

In "For Whom Does the Bell Ring?" Kim writes these lines:

"In the ruins of a hospital, bloodied scalpels lie still,
A white coat sowing cries into the empty air."

This opening poem reminds us that even healers require the patience of healing. War's traumas leave us all powerless.

In the next poem "The Silent Gods" the poet writes: "Like flocks of migratory birds, bombers swoop, / Missiles plunge toward

Palestine like meteors, / And Israel's boiling blood turns into blazing flames, / Swallowing the ancient land. / A Palestinian girl stands dazed before her shattered home." The use of natural imagery to describe war's brutality serves a dual purpose of suggesting humankind's power resembles that of the natural world, and also encompasses Shelley's previously quoted statement that poetry "lifts the veil." Even in horrific times, beauty can still maintain its purpose. Kim further writes:

"Fragile lives wither like flower petals,
The names of gods scatter as black ash,
The sky is stained crimson, the earth turns to hell."

The gods are silent, yet they still exist within the fragility of life. Through this fragility, the poem reveals that the way we view the world reflects what we truly value. The final question—"Have humans left the embrace of the gods?"—asks whether we have abandoned not only the gods themselves, but also the values they represent.

Kim's stark imagery, recurring throughout the collection, reflects a deeply moral worldview. In "Poets, Let Us Rise Together," he calls on his fellow poets to foster solidarity within the literary community.

"Poets,
Let us lift the lantern of wisdom.
Though we cannot completely hush evil's whisper,
We can send poems to shine the path with a merciful light […]"

While the poet realizes poetry cannot rid the world of its moral dilemma, it offers "merciful light."

The poems embrace unity and hope rather than horror and hate. Kim carefully chooses metaphors to remind readers of the promise children offer. In "Cry for North Korea 2" these lines resonate:

"People of the South, shed your tears,
Don't you hear the silent cry
Of starving brothers?
Longing still breathes—
Let us join hands and pray
For children's laughter to bloom
In North and South alike."

As a South Korean, Wansoo Kim reminds his country to consider the sorrow of hunger in their neighboring country. The embrace of "children's laughter" and prayer offers solidarity for all Koreans.

The poem following is dedicated to South Korea. Kim writes:

"O leader of the North,
If your heart still stirs,
Bring forth the dusty smile of childhood
And reveal the soul stained with tears."

These lines appeal to the North Korean leadership through shared humanity and love for the gentler things in life. The poem is a reminder that an appeal can be made even unto the darkest shadows of the human soul.

In "The River of Waiting" the poet turns the world vision to himself:

"Even when I'm irritated or weary,
I will lay down the sharp stones aimed at you

And hide the fire-lit or ice-cold glint in my eyes.
Even beneath the dust of all the passing time,
I won't turn away or give you my back—
I'll quietly wait like a mother by the window."

These personal lines share with the reader's impatience to remind us of Kim's moral vision. In a world fraught with longing for peace during intense conflict and destruction, impatience might be our most embraced vice. Impatience is divisive. Sitting quietly in a world of distractions is perhaps the best medicine.

The poet's humane moral vision extends to the natural world. In "Tears of the Sea" Kim humanizes the pain of the sea.

"The sea rides on rough waves,
And in the suffocating stench,
It cries out like a dying breath—
"Black water scales are spreading all over my body,
My once-blue breath has grown thin, about to break."

The symbolization of death reflects desperation and fear. Kim's imagery and symbolization provide an analogy to the human world in order to appeal to readers' humane sense. The urgency expressed in the poet's language is conveyed to the readership which may take nature for granted.

In "The Digital Sea" the analogy takes the reverse route. Kim writes, "Gales, thick with deceitful dust, / Churn the sea without rest, / And even the roots of once-green trees are shaken." This metaphor reflects the impatience of digital distraction. By appealing metaphorically to natural images, the poet liberates the imagination from digital distraction.

The third section of the poetry collection explores the theme of 'values.' In "In Light Shining in the Darkness," the poem reveals the diversity and significance of values through various forms of devotion:

"Some pave the path with sweat and tears, / While others set themselves ablaze, / Burying a star of hope within the darkness of the world." Capturing the diverse aspects of sacrifice and devotion, these lines remind readers of the power of labor to sustain hope and create a new world. Persistence is a virtue that demands "sweat and tears," while life itself is portrayed as the "star of hope within the darkness of the world." In "Master of Life" the star again makes an appearance:

"When a sudden whirlwind strikes
And shadows like black beasts stain the soul,
A single starlight deep within me whispers:
"Like the deep and silent night sky,
Embrace stillness even in the midst of chaos.
That light shining through your darkness
Is an invisible thread binding us together."

The invisible thread may be interpreted as a transcendent presence or inner conscience that binds humanity together in compassion. Kim's parallel use of images gives the collection its unified vision.

In "Trees of the Soul" the poet clarifies his moral vision of ethical contribution. "Like a red flower blooming in the family garden, / As gripping pain and cold sweat spread across the chest, / When the cry of new life bursts forth, / Joy and tears bloom together" This implies that hope blossoms from pain, much like a new sprout needs hardship as nourishment to grow. Kim writes, asserting the value of persistence.

Later poems such as "The Queer Festival in Korea" suggest a

broader sense of human dignity.

> "Beneath the rainbow-colored flag,
> Tears of light and shadow flow over dancing souls.
> Rain falls from the sky like a heartfelt prayer,
> Soaking the parched, cracked earth as if by healing hands,
> And it sprouts new shoots."

In Korea's Queer Festival, poet Kim writes, "Beneath the rainbow-colored flag / tears mixed with light and shadow flow over the dancing souls." In this line, the "tears mixed with light and shadow" go beyond mere emotional expression; they encapsulate the complexity of a reality where both discrimination and welcome coexist. The following image—"rainfall descending like an earnest prayer from the heavens"—portrays rain as a spiritual conduit between sky and humanity. As it moistens the parched earth, it symbolically suggests the healing and regeneration of marginalized lives. Here, rain functions not just as a natural phenomenon but as a metaphorical device enabling social renewal and inclusion. Through such imagery, Kim poetically implies that embracing diversity is the true path to harmony. In this way, the natural images in his poetry are not mere ornamentation but serve as a living language that conveys ethical messages.

In "Love That Keeps the Ember Alive," a fitting closure to the collection, Kim returns to the image of collective responsibility:

> "When we hand over a warm bowl of soup,
> Gently hold a dry hand,
> Listen to the lonely one's story,
> Love quietly takes root
> And will become someone's ember."

Exclamation Mark of Tears offers a sincere moral vision informed not by dogma but by a spiritual longing for wholeness.

The defining features of Wansoo Kim's poetic craft are his seamless integration of classical literary techniques—such as apostrophe, rhetorical repetition including anaphora, and extended metaphor—with a contemporary global consciousness. His use of personification, particularly in poems like "Tears of the Sea" and "The Tears of the Glacier," brings nature to life not just as setting but as suffering subject, echoing a prophetic voice. Kim also frequently employs enjambment and internal rhythmic patterns that subtly underscore the emotional undercurrents of his lines without overt metrical constraints. This technical precision allows his poetry to maintain lyrical clarity while carrying a heavy moral weight. His metaphors are often multilayered, shifting between the spiritual and the tangible, the cosmic and the personal, lending his work a rare depth that invites repeated readings.

Whether readers interpret the "invisible thread" as God, conscience, or love, Kim's poetry remains open enough to speak across spiritual boundaries. His poetic voice is marked by vivid metaphor, musical balance, and moral urgency. In a fractured world, Kim's work reminds us that the poetic word can be an act of healing.